TOUTE MA VIE SERA MENSONGE...

DU MÊME AUTEUR

Romans isolés

FAUX JOUR (Plon)
LE VIVIER (Plon)
GRANDEUR NATURE (Plon)
L'ARAIGNE (Plon) *Prix Goncourt 1938*
LE MORT SAISIT LE VIF (Plon)
LE SIGNE DU TAUREAU (Plon)
LA TÊTE SUR LES ÉPAULES (Plon)
UNE EXTRÊME AMITIÉ (La Table Ronde)
LA NEIGE EN DEUIL (Flammarion)
LA PIERRE, LA FEUILLE ET LES CISEAUX (Flammarion)
ANNE PRÉDAILLE (Flammarion)
GRIMBOSQ (Flammarion)
LE FRONT DANS LES NUAGES (Flammarion)
LE PRISONNIER N° 1 (Flammarion)
LE PAIN DE L'ÉTRANGER (Flammarion)
LA DÉRISION (Flammarion)
MARIE KARPOVNA (Flammarion)
LE BRUIT SOLITAIRE DU CŒUR (Flammarion)

Cycles romanesques

LES SEMAILLES ET LES MOISSONS (Plon)
I — Les Semailles et les Moissons
II — Amélie
III — La Grive
IV — Tendre et Violente Élisabeth
V — La Rencontre

LES EYGLETIÈRE (Flammarion)
I — Les Eygletière
II — La Faim des lionceaux
III — La Malandre

LA LUMIÈRE DES JUSTES (Flammarion)
I — Les Compagnons du Coquelicot
II — La Barynia
III — La Gloire des vaincus
IV — Les Dames de Sibérie
V — Sophie ou la Fin des combats

LES HÉRITIERS DE L'AVENIR (Flammarion)
I — Le Cahier
II — Cent Un Coups de canon
III — L'Éléphant blanc

TANT QUE LA TERRE DURERA... (La Table Ronde)
I — Tant que la terre durera...
II — Le Sac et la Cendre
III — Étrangers sur la terre

LE MOSCOVITE (Flammarion)
I — Le Moscovite
II — Les Désordres secrets
III — Les Feux du matin

VIOU (Flammarion)
I — Viou
II — À demain, Sylvie
III — Le Troisième Bonheur

Nouvelles

LA CLEF DE VOÛTE (Plon)
LA FOSSE COMMUNE (Plon)
LE JUGEMENT DE DIEU (Plon)
DU PHILANTHROPE À LA ROUQUINE (Flammarion)
LE GESTE D'ÈVE (Flammarion)
LES AILES DU DIABLE (Flammarion)

Biographies

DOSTOÏEVSKI (Fayard)
POUCHKINE (Perrin)
L'ÉTRANGE DESTIN DE LERMONTOV (Perrin)
TOLSTOÏ (Fayard)
GOGOL (Flammarion)
CATHERINE LA GRANDE (Flammarion)
PIERRE LE GRAND (Flammarion)
ALEXANDRE Ier (Flammarion)
IVAN LE TERRIBLE (Flammarion)
TCHEKHOV (Flammarion)
TOURGUENIEV (Flammarion)
GORKI (Flammarion)

Essais, voyages, divers

LA CASE DE L'ONCLE SAM (La Table Ronde)
DE GRATTE-CIEL EN COCOTIER (Plon)
SAINTE-RUSSIE, *réflexions et souvenirs* (Grasset)
LES PONTS DE PARIS, *illustré d'aquarelles* (Flammarion)
NAISSANCE D'UNE DAUPHINE (Gallimard)
LA VIE QUOTIDIENNE EN RUSSIE AU TEMPS DU DERNIER TSAR (Hachette)
LES VIVANTS, *théâtre* (André Bonne)
UN SI LONG CHEMIN (Stock)

HENRI TROYAT
de l'Académie française

TOUTE MA VIE SERA MENSONGE...

Roman

FLAMMARION

Il a été tiré de cet ouvrage

VINGT EXEMPLAIRES SUR PUR FIL
DES PAPETERIES D'ARCHES
DONT QUINZE EXEMPLAIRES NUMÉROTÉS DE 1 À 15
ET CINQ EXEMPLAIRES, HORS COMMERCE,
NUMÉROTÉS DE I À V

VINGT EXEMPLAIRES SUR VELIN ALFA
DONT DIX EXEMPLAIRES NUMÉROTÉS DE 16 À 25
ET DIX EXEMPLAIRES, HORS COMMERCE,
NUMÉROTÉS DE VI À XV

Le tout constituant l'édition originale

ISBN 2-08-066117-5
Imprimé en France

D'où vient que je ne puis me détacher de ces événements lointains et que mon émotion à les évoquer augmente avec le temps qui passe ? Je revois tout comme si c'était hier. Voici le restaurant avec ses baies, masquées le soir par des rideaux de velours grenat, ses tables aux nappes rose bonbon et ses convives discrets : beaucoup d'Allemands. Certains en uniforme, d'autres en civil. La Poivrière est un temple gastronomique réputé parmi les gradés de l'armée d'occupation. Ici, pas de tickets, pas de contrôle économique. Mon père et ma belle-mère, qui tiennent l'établissement, ont des appuis en haut lieu. Ils en profitent. Moi aussi. J'ai dix-sept ans, ma sœur Valérie vingt-deux. Assis à une petite table, nous nous empiffrons en lorgnant la salle. Le vieil Auguste nous sert avec autant de cérémonie que si nous n'étions pas de la maison. Cassolette de légumes, carré d'agneau et glace en coupe, avec des fruits et de la crème fouettée. C'est Valérie qui a composé le menu. Elle est gourmande. Plus que moi. Comment fait-elle pour garder la taille aussi fine et le teint aussi clair malgré tout ce qu'elle ingurgite ? Il est vrai qu'elle vient rarement à la Poivrière. Les autres jours, elle se contente de grignoter. Depuis l'année dernière, elle habite seule, dans un studio de la rue Pierre-Demours. Moi, je loge ici, au-dessus du restaurant, avec mes parents. J'envie la liberté de ma sœur. Tenu par un licol de soie, je ne me sens pas le courage de prendre le large. J'attaque mon carré d'agneau. Succulent. J'en connais qui donneraient un an de leur vie pour prendre pension à la Poivrière. La France crève de faim, de froid, de crasse, et chez nous on goinfre. Nous sommes hors du temps, hors des circonstances, hors de la guerre. Parfois cette idée me tracasse. Je la chasse comme une mouche importune. En cette année 1943, époque de tumulte et de trahison, il faut vivre chacun pour soi, au jour le jour, avec égoïsme, férocité et insouciance. Mon père accueille les nouveaux arrivants. Un sourire odieusement commercial fleurit sur ses lèvres. Il s'est depuis peu laissé pousser la moustache. Cela lui donne l'air encore plus con. Dans le somptueux caravansérail de la Poivrière, il compte pour rien. C'est ma belle-mère, Constance, qui, en réalité, dirige la boîte. Une grande femme brune, sèche, alerte, à la bouche en cicatrice et au regard d'acier. Le personnel file doux devant elle et pourtant elle élève rarement la voix. Même le chef, Leboursier, si fort en gueule devant ses fourneaux, accepte sans tiquer les remontrances qu'elle lui lance parfois d'un ton acide. Dame, il tient à sa place ! Il est d'ailleurs grassement payé. Constance supervise le ravitaillement. Tout s'achète au marché noir. Le matin et à la nuit tombante, c'est, chez nous, un défilé de fournisseurs furtifs. L'énorme glacière du restaurant est bourrée de victuailles. Constance seule possède les clefs de l'économat. La décoration florale de la salle est également son œuvre. Chaque table a son bouquet et sa petite lampe à l'abat-jour de soie rose. L'ambiance est courtoise, feutrée, confidentielle. L'air sent bon les sauces raffinées et le parfum des femmes. Cela change du métro, où s'entasse une humanité malodorante au ventre creux et aux cheveux gras. Tout en achevant mon carré d'agneau, je me dis que cette situation est dégueulasse. Je déteste cet endroit de luxe, de triche et de bombance. Je le dis à ma sœur.

— Tu craches dans la soupe, me répond-elle. C'est grâce à la Poivrière que nous avons, somme toute, une vie agréable.

— Comment peux-tu parler de vie agréable alors que la seule vue des parents me débecte ?

— Tu es injuste envers papa !

— Il n'existe pas. C'est un pantin dont Constance tire les ficelles. Et Constance, je ne peux plus la piffer. Regarde-la passer d'une table à l'autre. Elle minaude avec chacun. Elle a même appris l'allemand. Dans sa tête, il n'y a que des additions !

— Heureusement pour nous !

— Non, Valérie. Si tu vivais ici, comme moi, tu deviendrais dingue. Ce n'est pas en venant un soir de temps en temps que tu peux te rendre compte...

Valérie me prend la main sur la table. Son visage est la clarté de ma vie. Blonde, nacrée, avec des yeux d'un vert d'agate, elle rayonne de gaieté, d'assurance et d'intelligence primesautière.

— Si tu n'en peux plus, fous le camp ! dit-elle.

— Et j'irais où ?
— Chez moi.
— Pour toujours ?
— Non, pour un soir. Ça te changerait les idées.
— Les parents ne voudront jamais.
— Laisse-moi faire. Je leur parlerai.

Justement Constance s'approche de notre table :

— Tout va bien ?
— Très bien, dit Valérie. Nous nous régalons. Comme d'habitude.

Et elle ajoute, mine de rien :

— Vincent pourrait-il venir coucher chez moi, ce soir ?

Je n'en mène pas large. Constance hausse les sourcils d'un air étonné.

— Pourquoi pas ? dit-elle enfin. Si ça l'amuse...

Je suis agréablement surpris de l'aisance avec laquelle tout s'enchaîne. Constance doit être dans un bon jour. Je la remercie. Elle me flatte la nuque d'une main négligente. J'esquisse un mouvement de recul : j'ai passé l'âge de ces papouilles faussement maternelles. Sans remarquer ma répugnance, Constance s'éloigne avec majesté dans sa robe champagne brodée de paillettes.

— Tu vois, dit Valérie, c'est très facile.

— Ça ne te dérange vraiment pas que je vienne ?

— Pas du tout.

— Où me caseras-tu ?

— On verra ça sur place. Pour une nuit, ce n'est pas un problème.

Il me semble qu'un client de la table voisine — un vieux bonhomme d'au moins quarante ans — la dévisage avec appétit. Je suis heureux qu'elle plaise et, en même temps, cela m'agace. D'ailleurs elle ne prête aucune attention à ces œillades stupides. Sûre de sa beauté, elle n'a nul besoin d'en chercher la confirmation dans le regard des inconnus. Nous dégustons la fin de notre dîner avec une lenteur rassasiée. Mon père se pointe à son tour :

— Constance m'a dit... Il paraît que tu décampes, Vincent ?

Il trouve ça très drôle. Il rayonne. Toutes ses tables sont prises. Sa Poivrière moud le grain rondement. Que son fils couche là ou ailleurs, il s'en fout. L'essentiel est que l'argent rentre et que Constance ronronne. Je regarde ma montre : dix heures à peine. Nous avons largement le temps, Valérie et moi, avant le couvre-feu. Mais nous n'avons plus aucune raison de nous attarder. Le dessert à peine avalé, nous montons dans ma chambre, au premier étage. J'enfourne dans un sac mon pyjama et quelques livres de classe. J'ai cours demain matin, à l'institut Martinez où je redouble ma seconde. Oui, je suis très en retard dans mon parcours scolaire. Mais je m'en balance superbement. Et mon père aussi. Avec ou sans bac, je me débrouillerai toujours. Au besoin, je me placerai comme serveur à la Poivrière. A l'institut Martinez, les études sont légères, la discipline est coulante. On occupe les élèves plus qu'on ne les instruit. J'ai quelques bons copains dans le tas. Valérie me houspille. Nous redescendons dans le restaurant tout bruissant de conversations et de tintements de vaisselle. Constance nous fait un signe de loin. Elle est en conversation avec un gros officier allemand au crâne rasé et à la bouche de limace. Mon père nous raccompagne jusqu'à la porte et me demande :

— Tu as de l'argent ?

— Non.

Il glisse un billet de banque dans ma main et remet à Valérie un saucisson et un camembert enveloppés dans du papier journal. Ce sont les parents qui la ravitaillent, qui paient son loyer et qui lui versent chaque mois de l'argent pour ses dépenses courantes. Je dois leur rendre cette justice qu'ils ne rechignent pas à nous aider. Ils ont de quoi. Valérie suit des cours d'art dramatique. Je suis sûr qu'elle a beaucoup de talent. Peut-être deviendra-t-elle un jour une vedette, avec son nom en lettres grasses sur une affiche de théâtre ou de cinéma : *Valérie Chanvoisin.* Quand je pense que Constance s'appelle aussi Chanvoisin, j'en ai la nausée. Mon père m'embrasse. Sa moustache sent le vin et le cosmétique.

— Allez, bonne nuit, Vincent. A demain. Quand te revoit-on, Valérie ?

— Bientôt... Je ne sais pas, dit-elle.

Je l'envie d'être majeure, responsable, libre... Nous voici dans la rue. Toutes les fenêtres sont camouflées selon les prescriptions de la défense passive. Un réverbère masqué verse une pauvre lueur bleuâtre sur le trottoir. Valérie, qui est venue en métro, suggère de prendre un vélo-taxi. Il y en a toujours un ou deux en stationnement devant la Poivrière. Un tandem avec deux gaillards aux mollets solides. Valérie débat le prix de la course et nous montons dans la frêle remorque qui grince sous notre poids. De la rue de Lille où se trouve la Poivrière à la rue Pierre-Demours où habite Valérie, nous traversons un Paris nocturne, désert, silencieux, apeuré. De loin en loin, une voiture allemande. Des piétons qui se hâtent à tâtons. De rares bicyclettes. Les Français se terrent chez eux. Ils écoutent la radio de Londres. Ils maudissent les Allemands tout en n'osant enfreindre leurs consignes. La pâle lumière de la lampe du tandem sautille au gré des cahots sur la chaussée noire. La ville paraît plus vaste qu'autrefois, avec des perspectives inattendues, des maisons dont la hauteur surprend, une architecture à la fois revêche et surnaturelle. On aborde la place de la Concorde, vide, ensommeillée. Un drapeau à croix gammée pend sur une façade à colonnes au fond de cet espace solennel. Les Champs-Elysées s'ouvrent tel un large fleuve aux berges plantées d'arbres fantomatiques. Il fait froid. On est en novembre. Les deux cyclistes peinent pour gravir la côte qui conduit à l'Etoile. Leurs dos oscillent en cadence. J'ai un peu honte de me laisser traîner par eux. Mais ils gagnent leur vie. Chacun son boulot. Ils contournent le récif de l'Arc de Triomphe et descendent l'avenue Mac-Mahon, puis l'avenue Niel en roue libre.

Quand je débarque enfin dans le studio de Valérie, au troisième étage d'un immeuble bourgeois, j'éprouve l'impression d'avoir échappé par miracle à tous les traquenards de la nuit. Entre ces murs ocre, parmi ces meubles anglais en acajou, derrière ces rideaux de gros taffetas couleur chaudron, je me sens dans un refuge où rien, jamais, ne pourra me surprendre. Cette tanière où je suis venu si souvent, c'est la première fois que j'y coucherai. Valérie ouvre un vieux lit pliant, un « lit de secours » selon son expression, dans un cagibi jouxtant la salle de bains. Ce sera ma chambre pour une nuit. Grâce à une rallonge dont le fil passe sous la porte, je dispose même d'une lampe de chevet. Je fais ma toilette en premier. Penché sur le lavabo, je m'écrie :

— Zut, j'ai oublié ma brosse à dents !

— Prends la mienne, me dit Valérie.

Comme tout est simple entre nous ! Quand je me suis glissé sous les couvertures, elle vient me souhaiter une bonne nuit. Elle est en combinaison. Elle se penche sur moi. Ses lèvres effleurent mon front. Je lui rends son baiser. Elle s'éloigne, referme la porte. Mais sa présence demeure. Je pense à ma mère qui m'embrassait ainsi, autrefois, dans mon lit d'enfant. J'avais onze ans, et Valérie seize, quand elle est morte dans un accident d'auto, sur la nationale 7. C'était mon père qui conduisait. Lui, il s'en est tiré sans une égratignure. Il s'était assoupi au volant après un bon repas. Son désespoir a été édifiant et même spectaculaire. Il avait maigri. Il parlait d'une voix étouffée. Chaque soir, après le dîner, il pleurait en contemplant les photos de la « défunte » dans l'album de famille. Deux ans plus tard, il épousait Constance et ils ouvraient ensemble la Poivrière. Auparavant, elle dirigeait un restaurant à Lyon, comme gérante. Elle avait de l'argent provenant de je ne sais quel héritage. L'affaire, commencée petitement, s'est épanouie dans les premiers jours de l'Occupation. Sans être franchement « collaborateurs », mes parents reconnaissent qu'ils doivent leur succès à la bienveillance des autorités allemandes. Ils craignent même la victoire des Alliés. Moi j'en rêve. Pourquoi ? Peut-être par réaction contre eux. Peut-être parce que ma chance actuelle, au milieu de tant de misère, me donne parfois mauvaise conscience. Au fond, je voudrais voir la situation se prolonger, mais avec, dans les rues, des uniformes kaki au lieu des uniformes vert-de-gris. Ce serait presque une question d'esthétique. J'entends Valérie qui se lave derrière la porte. L'eau gicle allègrement. Je suis heureux. Heureux comme si j'avais retrouvé ma mère. J'éteins la lampe de chevet et, pelotonné dans le noir, je retourne à une époque d'enfantine tendresse. Valérie ressemble à ma mère par le visage, par les manières, par l'humeur. Même blondeur, même finesse de traits, même regard lumineux, même rire. Oui, elle a hérité de la gaieté impertinente et de la fantaisie juvénile de maman. Moi, je suis plutôt pessimiste, inquiet, pesant. Je ne m'aime pas. Et il me semble que personne ne m'aime. Sauf Valérie, bien sûr. Il y a entre elle et moi des liens de pensée et de sang qui se sont encore resserrés depuis le remariage de notre père. Ma vraie famille, c'est elle. Et elle seule. Le silence est revenu derrière la porte. Valérie a quitté la salle de bains. Elle se couche. Sans doute prend-elle un livre. J'ai envie d'aller la voir, mais je me retiens. Il ne faut pas que je m'impose à elle. Je dois me faire léger, léger... Une musique sourde me parvient. Valérie a mis un disque sur le pick-up. La joie m'empêche de dormir.

Sacrilège : sur la photo du maréchal Pétain qui orne un mur de la classe, un mauvais plaisant a dessiné la courte moustache de Hitler. Le vainqueur de Verdun nous regarde tristement avec ce timbre-poste funèbre au milieu de la figure. Notre professeur de français, M. Clerc, s'indigne pour la forme. Il parle de « vandalisme stupide », de « provocation insolente » et exige que le coupable se dénonce. Personne ne bronche. Il n'insiste pas, décroche le portrait et le glisse dans sa serviette. En vérité, il n'est pas mécontent de l'esprit frondeur qui se manifeste parmi nous. Certains prétendent même qu'il a des amis dans la Résistance. Je suis sûr que c'est Fénardieu qui a fait le coup. Son frère aîné a été réquisitionné, le mois dernier, par le Service du travail obligatoire en Allemagne. Il paraît que, là-bas, pour les gars du S.T.O., c'est la vie d'usine dans son horreur. Si la guerre continue, tous les jeunes y passeront. Enfin presque tous. Moi, grâce à mes parents, je me démerderai toujours. Je fais un clin d'œil à Fénardieu. Il me sourit. Est-ce pour me dire que c'est bien lui le coupable ? Ou le héros, selon ce qu'on pense du gouvernement de Vichy. A l'institut Martinez, il y a évidemment quelques fils de collabos. Mais la majorité est ouvertement pour les Alliés. Surtout depuis que les combats paraissent tourner à leur avantage. Je feins, moi aussi, un optimisme revanchard. Au vrai, ma pensée reste flottante. Mais cela je ne peux l'avouer à personne. On me traiterait de lâche. Mon voisin, Passereau, me pousse du coude :

— C'est sûrement une idée de Fénardieu, chuchote-t-il.

— Sûrement, dis-je.

— Il a un sacré culot !

Surprenant notre conversation à voix basse, M. Clerc nous interroge sur ce qu'il vient de dire et, comme nous sommes incapables de répondre, il nous inflige cent lignes à copier dans notre manuel de littérature. Puis il reprend l'explication du quatrième acte d'*Athalie.* A la récréation, qui a lieu dans le préau de l'école, nous entourons Fénardieu. La mèche en bataille, la lippe goguenarde, il nie être l'auteur de la farce. Mais nous sommes tous convaincus que lui seul était capable d'une telle initiative. Il est pour nous une sorte de chevalier de l'impossible. A mille lieues de lui, je l'admire mais ne me sens pas de force à l'imiter. C'est pendant la récréation que s'opère le trafic clandestin. Presque tous les élèves font du marché noir. Les uns misérablement (une cigarette par-ci, quelques tickets d'alimentation par-là), les autres sur une plus grande échelle (des disques, des bas de soie, un exemplaire défraîchi d'*Autant en emporte le vent*). Je suis particulièrement bien placé dans la compétition. Je fauche un coulommiers, des biscuits secs, du chocolat au restaurant et je les revends pour me faire de l'argent de poche. Mes tarifs sont connus de tous. Un paquet de gauloises vaut cent dix francs, une bouteille de vin ordinaire (celui du personnel) cinquante francs. Le pion qui nous surveille de loin ferme les yeux. De temps à autre, je lui refile du tabac belge pour sa pipe. Dans le groupe de garçons qui m'entourent, la plupart ne mangent pas à leur faim. Ils ont le teint cireux et les vêtements usés. Pourtant ils appartiennent, dans l'ensemble, à de « bonnes familles ». A croire que même les gens aisés ont du mal à se nourrir en France. Pour beaucoup la vie se déroule sous le triple signe du rutabaga, de l'orge grillée en guise de café et de la saccharine. Je devrais n'en apprécier que plus les avantages de la Poivrière. Mais j'ai honte. J'ai honte et je suis content. Honte d'être content. Et content d'avoir honte. Autour de moi, mes camarades parlent de ce qu'ils ont entendu à la radio de Londres. On commente la guerre : les Alliés qui se regroupent en Italie devant le versant sud du Monte Cassino, les Russes qui encerclent une armée allemande en Crimée, les unités françaises qui libèrent la Corse, le général de Gaulle qui ouvre la première session de l'Assemblée consultative provisoire à Alger... Les événements se précipitent. Le retour en classe coupe nos discussions politico-militaires et nous plongeons, avec ennui, dans la routine d'un cours de math ou de physique. A cinq heures enfin, c'est l'évasion. J'ouvre le cadenas qui enchaîne ma bicyclette. Fénardieu pédale à mes côtés. Il habite rue de l'Université, non loin de la Poivrière, et chaque jour nous faisons le chemin ensemble. Je lui dis :

— C'est toi, hein, pour la photo de Pétain ?
— Oui.
— Et si Clerc en affiche une autre ?
— Je recommencerai.
— Tu es drôlement gonflé !
— Il faut marquer le coup, n'importe comment, avec les moyens dont on dispose et à l'endroit où on se trouve ! répond-il.

C'est une pierre dans mon jardin. Je n'insiste pas. Nous nous séparons devant sa porte. A cet instant, l'envie me prend de retourner voir Valérie. Il y a près d'une semaine déjà que j'ai passé la nuit chez elle. Depuis, elle n'est pas revenue au restaurant. Hier, je lui ai téléphoné. Personne au bout du fil. Elle sort souvent avec des amis. Jamais avec moi. Elle doit me juger trop jeune. Cinq ans de différence. Pour elle, je resterai toujours un gamin.

En arrivant à la Poivrière, je tombe en plein baroufle : le chef n'a pas pu prendre son service ce matin. Cloué au lit par une grippe. Son aide l'a remplacé pour le déjeuner. Mais il n'a pas son talent, son envergure. Constance se désespère. D'autant plus que douze journalistes politiques influents ont réservé le salon particulier pour dîner, ce soir. Il paraît même que Jean Luchaire, le directeur des *Nouveaux Temps*, sera du nombre. Mon père parle d'une « catastrophe gastronomique ». Ma belle-mère dit qu'il faut « faire front avec les moyens du bord ». Leur agitation me semble dérisoire. Ils ne voient pas plus loin que leurs casseroles. Je monte dans ma chambre, m'affale sur mon lit et prends un bouquin : Verlaine. Fénardieu m'a cédé ce petit volume de « Morceaux choisis » en échange d'une demi-livre de café. Je relis infatigablement mes poésies préférées. J'en connais déjà quelques-unes par cœur. C'est une communion dans la musique et le mystère. Une sorte de chant à deux voix entre Verlaine et moi. J'ai aussi lu Baudelaire et Rimbaud. Mais avec moins de plaisir. A présent, j'ai envie d'écrire des vers. Parfois des mots étranges chantent dans ma tête. Je ne sais d'où ils viennent. Je les assemble au hasard. Je les transcris sur un bout de papier. Mais, une fois figés en noir sur blanc, ils me déçoivent et je retourne aux « sanglots longs » et à l' « arbre par-dessus le toit ». Cette passion illumine ma vie. Je montre parfois mes vers à des copains. Mais pas à Valérie. J'ai peur qu'elle ne se moque de moi. Mes parents non plus ne savent rien de mes songes littéraires. Ils seraient bien incapables de me comprendre. Ont-ils lu une seule ligne de Verlaine dans leur existence de gargotiers de luxe ? Je descends au restaurant, à l'heure du dîner. L'aide du chef et le saucier se sont, paraît-il, surpassés. C'est aussi bon que lorsque la bouffe était signée Leboursier. Constance et mon père ont retrouvé leur assurance. Les journalistes sont enfermés dans le cabinet particulier. Ils doivent débattre du destin du monde. Sans doute font-ils déjà dans leur froc à l'idée d'un débarquement allié. Je téléphone à Valérie pour lui demander de venir dîner avec moi. Son numéro ne répond toujours pas. D'ailleurs il n'y aurait pas eu de place pour nous, ce soir, au restaurant. La salle est comble. Je vais aux cuisines et me fais servir une tranche de rosbif garnie de pommes de terre frites. Puis je remonte, avec mon plateau, dans ma piaule. Le repas est vite expédié. Comme boisson, de l'eau du robinet. J'ai horreur du vin. Une dernière fois, je téléphone à Valérie de la chambre de mes parents. Peine perdue. Alors je rentre chez moi, je ferme la porte à clef, je m'allonge sur mon lit, je pense à des femmes de rêve et je me masturbe.

Je sonne La voix de Valérie me parvient, prudente, à travers la porte :

— Qui est là ?

— C'est moi, Vincent.

Elle ouvre. J'entre et pose mon sac dans le vestibule. Une chance qu'elle se trouve déjà chez elle à dix heures du soir. Autrement, j'aurais dû poireauter sur le palier jusqu'à son retour. Elle me considère d'un air d'affectueuse surprise.

— J'ai quitté la maison, dis-je.

— Pourquoi ?

— J'en avais marre, mais marre !... Je peux coucher chez toi ?

— Encore ? murmure-t-elle avec un sourire moqueur.

— On est si bien ensemble !

— Mais..., j'ai ma vie, Vincent !

— Qu'est-ce que tu en fais, de ta vie ? Tu n'es jamais là. Tu vadrouilles. Tu ne rentres chez toi que pour dormir. Je resterai dans mon coin. Je ne te gênerai pas. Fais ça pour moi. Je te jure que la Poivrière me sort par les trous de nez. J'étouffe, là-bas, dans ce paradis de la mangeaille et de la lèche aux Allemands. Pour un oui pour un non, je me dispute avec Constance. J'ai pensé que tu pourrais me garder quelques jours...

— Quelques jours ?

— Ça me ferait des vacances.

Elle rit.

— Tu ne manques pas d'air ! As-tu prévenu les parents ?

Je préfère mentir :

— Oui, oui, ils sont d'accord...

Elle n'insiste pas et demande :

— Ta bicyclette, qu'en as-tu fait ?

— Je l'ai enchaînée à côté de la tienne, en bas, au pied de l'escalier. Je t'ai apporté un peu de ravitaillement. Du jambon, des œufs...

— Chic, alors ! As-tu dîné ?

— Oui, somptueusement.

Je tire le paquet de mon sac. Elle range les victuailles dans le garde-manger.

— Bon, dit-elle. Débrouille-toi. Tu n'as

qu'à retourner dans ton cagibi. Moi, je suis fatiguée. Je me couche.

Elle passe dans la salle de bains, revient en chemise de nuit et se glisse sous les couvertures. Son lit est un divan large et bas. Pourquoi si large? Au lieu de me réfugier dans ma turne, j'attire un pouf et m'assieds près d'elle. Sur sa table de chevet, il y a une photographie de maman dans un cadre de cuir vert. J'ai la même dans ma chambre, rue de Lille. Maman est là, sur un fond de feuillage ensoleillé, les cheveux pénétrés de lumière, le regard rieur. Si vivante! Si présente! Chaque fois que je regarde cette image, je me sens rejeté dans un passé de tendresse et d'harmonie. Mon enfance me remonte à la gorge avec un goût de larmes. Comme nous étions heureux alors! Comme l'avenir paraissait assuré et facile! Malgré moi, j'associe dans un même sentiment de malheur, d'injustice et de haine la mort de maman, le remariage de mon père et la défaite de la France. J'ai du mal à détacher mes yeux de la photographie. Tout à coup, il me semble que c'est Valérie qui me sourit à travers les années. Je me secoue, me tourne vers ma sœur et le rêve continue. Elle est à demi allongée, un coude sur l'oreiller sa main soutenant sa tête. Ses doigts sont plongés dans ses cheveux abondants et soyeux. Nous échangeons quelques mots d'une voix paresseuse. Je lui donne les dernières nouvelles de la maison, de mes copains... Elle me parle de son travail au cours d'art dramatique. Nous n'avons plus de parents. Nous sommes seuls au monde.

— Allez, j'éteins, dit-elle enfin. Tu me laisses...

— Bonne nuit, Valérie.

— Bonne nuit, Vincent.

Je regagne ma niche, éteins la lampe et plonge avec délices dans le noir. J'ai laissé la porte de communication ouverte. Une même nuit nous recouvre, ma sœur et moi.

Le lendemain est un jeudi. Je n'ai pas classe. Réveillé à neuf heures, je traîne dans mon lit. Valérie aussi tarde à se lever. Il fait froid dans le studio. Le poêle à sciure de bois s'est éteint pendant la nuit. Soudain le téléphone sonne. Rejetant les couvertures, Valérie se précipite, en chemise, sur l'appareil. Je l'entends qui dit :

— Allô !... Ah ! bonjour, papa...

Je me lève à mon tour. Elle me fait signe

d'approcher. Debout à côté d'elle, je prends l'écouteur.

— Vincent n'est pas chez toi, par hasard ? demande mon père.

— Si, dit Valérie.

— Ah ! bon... Mais tout de même, il exagère... Il aurait pu nous prévenir...

Elle me lance un regard de reproche pour mon léger mensonge de la veille. Puis elle sourit, indulgente, fraternelle.

— Ça l'a pris tout à coup, dit-elle. Une lubie... Il voudrait rester...

— Comment ça, rester ?

— Rester, quoi ! Passer deux ou trois jours ici, avec moi. Ce serait gentil, non ?

Mon père hésite, toussote, se racle la gorge et finit par dire :

— Il faut que j'en parle à Constance.

C'est la formule habituelle. En toute occasion, il se retranche derrière sa femme.

— Je te rappelle dans dix minutes, ajoute-t-il.

Dix minutes plus tard, nouvelle sonnerie du téléphone. La voix de mon père s'est raffermie.

— D'accord, dit-il. Tu me le passes ?

Je prends le combiné à mon tour. Mon père

me fait de molles recommandations et demande :

— Avez-vous au moins de quoi vous nourrir ?

— Oui, oui, dis-je. J'ai apporté du jambon, des œufs...

— Tu aurais dû prendre aussi des tranches de gigot. Il en restait. Le gigot froid, c'est bon. De toute façon, dis à ta sœur que je vais vous envoyer Joseph à la fin de la semaine.

Joseph, c'est le livreur clandestin qui assure le ravitaillement de Valérie sur son triporteur. Je remercie mon père avec toute la platitude désirable. Je le prie même de remercier Constance.

— Tu l'embrasseras pour nous deux, dis-je en conclusion.

Tant de flagornerie me dégoûte un peu. Mais que ne ferais-je pas pour avoir le droit de vivre, pendant quelques jours, loin de mes parents ? Je raccroche, hilare, et prends Valérie par les épaules. Je respire sur elle le tiède parfum du lit. Elle se dégage, me regarde des pieds à la tête et s'écrie :

— C'est fou ! Tu as encore grandi !

— Oui, je sais...

— Tu me dépasses d'au moins cinq centimètres !... Tu as pu dormir, dans ton cagibi ?

— Très bien.

— Tu as tout de même plus de confort dans ta chambre, rue de Lille.

— Avec la tête de Constance en prime, merci bien !

Elle vide les cendres du poêle, le regarnit de sciure et le rallume pendant que je prépare le petit déjeuner. Nous nous installons dans la minuscule cuisine pour boire notre café au lait. Tartines à volonté. Le pain, le beurre, la confiture de groseilles viennent de la Poivrière. Nous avons même du vrai sucre. Valérie a passé un peignoir sur sa chemise de nuit. Moi, je suis en pyjama.

— Tu n'as pas froid, comme ça ? dit-elle.

— Non, ça va.

— Mets ton gilet par-dessus.

Sa sollicitude me touche. Je me dis que personne au monde ne se préoccupe de moi avec autant de douceur et d'autorité. J'enfile mon gilet et me rassieds tandis qu'elle m'observe d'un œil gentiment critique.

— Comme tu es maigre ! s'exclame-t-elle. Il faut absolument que tu te muscles, que tu fasses du sport...

— Le sport m'emmerde !

Elle réfléchit un instant et demande tout à trac :

— Tu as un flirt ?

J'hésite à répondre. Peut-on appeler « flirts » les coquetteries échangées avec des gamines de mon âge à des réunions chez les copains ? Je suis puceau. Avec dans la tête des idées de nudités, d'étreintes secrètes, de caresses lascives à me rendre fou. Je finis par marmonner :

— Des flirts..., oui, bien sûr... Mais rien de sérieux...

Elle me quitte pour faire sa toilette et ressort de la salle de bains, fraîche, rayonnante, les lèvres avivées de carmin. Veste de drap marron à forte carrure et jupe écossaise. Un sac en bandoulière sur la hanche. Et une toque de feutre piquée d'une plume sur ses cheveux qui descendent en rideau mordoré jusqu'aux épaules. Quand elle se déplace, ses chaussures à semelles de bois claquent gaiement sur le parquet. En la voyant sur son trente et un, je murmure, vaguement déçu :

— Tu sors déjà ?

— Oui, j'ai mon cours, et après des tas de rendez-vous. Et toi, que vas-tu faire ?

— Je ne sais pas... J'irai peut-être chez Fénardieu...

Elle me donne une clef du studio pour le cas où je rentrerais avant elle et s'envole vers une vie de mystère. Je me dis soudain que Fénardieu est mon meilleur copain, à l'heure actuelle. Autrefois, j'avais un ami, un grand ami : Michel Cohen. Un garçon timide, rêveur, maladroit, passionné de musique. La première fois que je l'ai vu avec une étoile jaune cousue sur sa veste, j'ai failli pleurer. Je ne comprenais pas ce qui, aux yeux de la police allemande, le distinguait de moi. Il était très fier, très courageux malgré cette marque d'infamie sur la poitrine. Il a fui Paris avec sa famille au moment des premières rafles de Juifs. Je n'ai plus eu de ses nouvelles. Il doit être quelque part en Angleterre, en Suisse... Ou dans un camp de travail forcé, en Allemagne. Cette traque des Juifs me révolte. Je constate que j'ai la chance insolente d'être ce que l'on nomme un Aryen. On ne choisit pas : on naît blond ou brun, fille ou garçon, aryen ou juif... Il faut être du bon côté, voilà tout. Moi, je suis du côté de l'obéissance, du bifteck et du Christ. D'autres sont du côté de la résistance, des tickets et de la Thora. Est-ce ma faute si tout va bien pour moi ? Je me rends à mon tour dans la salle de bains. La glace du lavabo me renvoie l'image d'un visage étroit, tout en longueur, avec un nez proéminent, des lèvres charnues et de petits yeux noirs perçants. Je ne suis pas beau, je le sais. Mais Valérie prétend que, tel quel, j'ai un physique qu'on n'oublie pas. « Un physique de cinéma », dit-elle. Je passe ma main sur mon menton qui pique. Il faut absolument que je me rase. Cela m'arrive une ou deux fois par semaine. Je manie le rasoir avec précaution, à cause des trois boutons que je porte sur la joue gauche. L'opération s'achève sans que je me sois écorché. Après m'être lavé à l'eau froide — pas question d'utiliser le chauffe-bain à tout va —, je m'habille, m'assieds en tailleur sur le lit de Valérie et ouvre le cahier de brouillon où j'inscris les vers qui me trottent par la tête :

Beau gymnaste amoureux du vide,
Juché à vingt mètres du sol,
Qu'attends-tu pour prendre l'envol
Au-dessus du public avide ?...

Le dernier vers me paraît faiblard. Je le tourne dans tous les sens et finis par noter :

Qu'attends-tu pour prendre l'envol
A travers le silence avide ?

Ce n'est pas fortiche. Je m'acharne. Je voudrais tant accéder à la perfection des vrais poètes. Je continue :

Tel un niveau de vif-argent,
Le trapèze oscille en cadence,
Sans autre filet que la chance,
Au bout de tes pieds diligents.

Pourquoi « diligents » ? C'est une facilité. J'en ai conscience, mais ne peux trouver mieux.

Ma matinée se passe à gribouiller, à raturer. Je déjeune d'un sandwich au jambon et, à trois heures, je me rends, à bicyclette, chez Fénardieu. Nous allons dans sa chambre, qui est tout encombrée de bouquins. Il y fait un froid glacial, malgré le petit radiateur électrique qu'il a branché dans un coin. Mais il ne l'allume que de loin en loin pour ne pas dépasser le contingent d'électricité. Comme d'habitude, nous parlons littérature. C'est un dévoreur de livres. Lui aussi écrit des vers. Nous nous lisons nos productions respectives et nous congratulons gravement. Mais ces compliments ne peuvent suffire à me rassurer sur la valeur de mes poésies. Il me faudrait un autre avis, venant de plus haut, et qui ne fût pas dicté par l'amitié. Mireille, la sœur de Fénardieu, vient nous rejoindre.

Elle a quinze ans et demi, un visage pâle au menton fuyant et des yeux bleus, à fleur de tête. Elle a pour moi une admiration touchante que je ne m'explique pas. Quand elle me regarde, elle devient presque jolie. Timide, elle ne parle qu'à contrecœur. Nous décidons d'aller au cinéma. Et nous voici roulant à bicyclette dans un Paris brumeux et frileux. Des véhicules allemands et de rares autos françaises munies d'*ausweis* circulent encore dans les rues, mais la chaussée appartient surtout aux cyclistes. Il y en a de tous âges et de toutes conditions. Les jeunes foncent comme des habitués du vélodrome, les vieux pédalent avec sagesse. La queue s'allonge devant la salle que nous avons choisie, aux Champs-Elysées. Il y a des files d'attente pour tout, à Paris, pour les films, pour le pain, pour le fromage, pour la viande, pour les inscriptions à la mairie... Nous enchaînons nos bicyclettes sur l'emplacement aménagé à cet effet au bord du trottoir. On joue *Douce,* de Claude Autant-Lara. Mais, avant le grand film, le public a droit aux actualités. Assis entre Fénardieu et Mireille, je vois défiler sur l'écran des images de villes dévastées par les bombardements, de prisonniers soviétiques hagards et guenilleux, de fortifications allemandes hérissées de canons, sur les côtes de la Manche... Pendant cette projection, une faible lueur éclaire la salle pour décourager les fauteurs de troubles. Le public demeure figé dans une fascination peureuse. Fénardieu se penche vers moi et chuchote :

— Leur mur de l'Atlantique ne tiendra pas plus que notre ligne Maginot, si les Alliés décident de débarquer !

Un voisin, qui l'a entendu, sourit et hoche la tête en signe d'assentiment. Après l'entracte, c'est le grand film. Je glisse un regard sur Mireille. Elle semble captivée par cette histoire sentimentale et délicate. Soudain, dans un mouvement inconsidéré, sa main effleure la mienne sur l'accoudoir du fauteuil. Aussitôt après, elle s'écarte. Je l'observe et la trouve presque belle, de profil, dans la pénombre. Ses lèvres sont entrouvertes. Elle se tourne vers moi. Elle sourit. Je déplace mon bras imperceptiblement. De nouveau, nos mains se touchent. Je me dis : « M'aimerait-elle ? Et moi, est-ce que je l'aime ? » Question absurde. Elle n'a que quinze ans et demi. Mais je trouve très agréable d'être ainsi distingué par une fille de sa qualité. La suite du film se déroule sans autre incident. Fénardieu et Mireille me raccompagnent à bicyclette jusqu'à la rue Pierre-Demours. Devant la maison, je leur propose de monter prendre un verre et grignoter un biscuit. Ils acceptent. Je sais qu'ils meurent de faim. Leur père est sous-directeur dans une banque. Ils vivent sur leurs tickets d'alimentation et sur de rares colis familiaux. Je les introduis dans le studio et leur offre du Martini et des tranches de cake que Valérie a en réserve. Ils dévorent. Ma sœur arrive au milieu du festin. Je fais les présentations. Valérie a l'air contrariée que j'aie invité Fénardieu et sa sœur sans la prévenir. Mais elle ne dit rien de désobligeant. On parle du film *Douce* et de la générale du *Soulier de satin* qui a été, paraît-il, un triomphe. Même Brasillach a fait l'éloge de la pièce dans l'ignoble *Je suis partout*. Pendant la discussion, j'observe que Fénardieu témoigne d'une excitation anormale et que Mireille me couve des yeux, happe chaque mot qui tombe de ma bouche comme si je m'adressais à elle seule.

Quand ils sont partis, j'interroge Valérie d'un ton détaché :

— Comment les trouves-tu ?

— Ton copain est charmant, dit-elle. Un peu fou mais charmant.

— Et Mireille ?

— Pourquoi me demandes-tu ça ? Tu flirtes avec elle ?

— Pas du tout ! Tu te rends compte, elle a quinze ans et demi !...

— La pauvre ! Elle n'a pas dit grand-chose. Et physiquement elle est plutôt tarte. Elle a l'air d'une brebis aux gros yeux étonnés.

Au-dedans de moi, c'est l'écroulement. Tout à coup, il me semble que je ne pourrai plus voir la sœur de Fénardieu qu'avec une tête de mouton sur les épaules. Quand elle parlera, j'aurai l'impression qu'elle bêle. J'en veux à Valérie de l'avoir si bien définie. Je souhaiterais tellement que Mireille fût belle ! Belle comme Valérie. Plus belle que Valérie peut-être.

Nous nous installons, avec un plateau, sur le lit de Valérie et cassons la croûte — jambon et œufs durs — en écoutant la radio de Londres. A travers le bourdonnement du brouillage, nous parviennent quelques messages personnels au contenu sibyllin : « La bergère est dans le pré... » « La cueillette du romarin est commencée... » Je songe que ces phrases qui, pour moi, ne représentent rien signifient pour des maquisards inconnus l'annonce d'un parachutage d'armes, l'ordre de faire sauter un pont, la menace d'une dénonciation sur un réseau... Comme je suis loin de ce remue-ménage patriotique! Ensuite, ce sont les nouvelles. Les grèves et les manifestations en France. A Grenoble, quatre cent cinquante personnes sont déportées pour faits de résistance. Une rafle allemande a eu lieu parmi les étudiants de l'université de Strasbourg repliée à Clermont-Ferrand. Le général Juin rallie Naples avec son état-major. J'écoute à peine. Je pense à Mireille, à Valérie... Quand nous sommes couchés, Valérie met un disque de Charles Trénet : « Que reste-t-il de nos amours ? » J'ai envie de pleurer, dans mon cagibi obscur. Sur quoi ? Sur ma solitude, sur ma déception sentimentale, sur mon manque de talent, sur ma jeunesse... Valérie vient me voir, enveloppée dans son peignoir. Elle se penche sur moi.

— Tu sais, dit-elle, on peut n'être pas très jolie et avoir du charme.

Sûrement elle pense à Mireille. Est-elle sincère ou insidieusement charitable ? J'ai tellement besoin de son approbation pour vivre ! Je balbutie :

— Pour qui dis-tu ça ?

Elle ne répond pas, me dépose un baiser sur la joue et s'éloigne.

Voilà plus d'une semaine que j'habite chez Valérie. Elle ne songe pas à me chasser et je ne songe pas à partir. Nous nous entendons si bien que j'ai l'impression d'avoir toujours connu cette promiscuité fraternelle, ce tendre partage. Mon père et ma belle-mère ne s'inquiètent nullement de mon absence. Sans doute sont-ils même heureux de ne plus m'avoir sur le dos. Je suis retourné rue de Lille pour chercher du linge, un savon (denrée ô combien rare !), des livres. En revenant, j'ai lavé mes chaussettes et mes slips dans le lavabo. Ils sèchent à côté des bas et des soutiens-gorge de Valérie, sur une ficelle, dans la salle de bains. Hier, nous sommes allés dîner à la Poivrière. Constance nous a installés à notre petite table habituelle, dans un coin. Repas savoureux, comme il se doit.

Salle élégantissime. Beaucoup de civils. Une demi-douzaine de militaires. Toutes les femmes sont en chapeau. Plus on manque de tissu, plus leurs bibis sont amples et extravagants : plumes, galons, glands, aigrettes, c'est une explosion de joie insolente au-dessus des visages fardés. En quelques jours, je me suis désaccoutumé de cette ambiance de gastronomie clandestine et de courbettes devant l'occupant. Je souffre de voir mon père dans le rôle d'un taulier trop aimable. Il court de la caisse aux cuisines et des cuisines à l'entrée pour saluer les nouveaux arrivants. Entre deux grimaces commerciales, il vient nous voir à notre table et m'interroge sur mes études :

— J'espère que ce stupide arrangement ne t'empêche pas de travailler en classe.

— Au contraire, dis-je. J'ai de meilleures notes qu'avant.

— Tant mieux, tant micux... Et quand reviens-tu à la maison ?

— Rien ne presse, papa ! dit Valérie.

J'ai envie de l'embrasser, là, devant tout le monde, pour cette petite phrase simple qui écarte temporairement la menace d'un retour rue de Lille. Mon père nous quitte pour se porter au-devant d'un général allemand et de deux jeunes officiers qui viennent d'entrer dans la salle. Mais ma belle-mère, toutes voiles dehors, le gagne de vitesse. C'est elle qui accueille le trio avec effusion, comme s'il s'agissait de membres de sa famille. Le général a un monocle à l'œil, une croix de fer au cou et la taille raide. Il ressemble à l'acteur Erich von Stroheim. C'est un habitué, une huile : le général von Koch. J'ignore quelles sont ses attributions exactes à la Kommandantur, mais Constance nous a dit cent fois que le gouverneur allemand de Paris ne décidait rien sans le consulter. En tout cas, mes parents ont souvent recours à lui pour aplanir des difficultés avec le contrôle économique. Ils ne prononcent son nom qu'avec une sorte de respect craintif. C'est, à leurs yeux, le grand manitou de l'ordre germanique, le garant de leur prospérité. Constance le conduit à une table ronde, proche de la nôtre. Et, comme il lorgne de notre côté, elle croit utile de nous présenter :

— Mes enfants : Valérie et Vincent...

Cette formule, « Mes enfants », m'horripile. Mais il faut sourire. Je me lève, incline la tête. Le général von Koch me demande fort courtoisement, en français :

— Quel âge avez-vous ?

Il parle avec un accent guttural. Sans me laisser le temps de répondre, Constance, toute frétillante, balbutie :

— Dix-sept ans, général...

Et elle ajoute, Dieu sait pourquoi :

— Il continue ses études. Quant à ma fille, elle suit des cours d'art dramatique. Elle se destine au théâtre...

— Très bien, très bien, dit le général von Koch. J'aime beaucoup le théâtre, à Paris... Je vais souvent... Ah ! Sacha Guitry, Cocteau...

Il a un visage blafard, à la bouche large et mauve. Son œil de batracien ne quitte pas Valérie. Cinquante ans peut-être. Constance, auprès de lui, se tortille de bonheur. Soudain il dit :

— J'ai une fille de votre âge, mademoiselle.

Et il s'assied lourdement. Les deux jeunes officiers s'asseyent à leur tour. Le maître d'hôtel se précipite, la carte à la main. Constance, courbée en deux, suave et confidentielle, conseille le général sur le choix des plats. Il hoche la tête, demande des explications culinaires. Valérie et moi avalons notre dessert en deux coups de fourchette. Sans nous concerter, nous avons hâte de partir pour échapper à ce voisinage obsédant.

Le lendemain, en rentrant de l'institut Martinez, je découvre dans le vestibule un amoncellement de feutres mous, de canadiennes et de chapeaux de femme. Il y a une grande réunion autour de Valérie : des copains du cours d'art dramatique sont venus répéter chez elle. Ils sont sept : trois garçons et quatre filles. Je n'en connais aucun. Tous sont plus âgés que moi. Soudain je me sens de trop parmi eux. Valérie elle-même me paraît étrangère. Très en beauté, alerte et survoltée, elle fait à peine attention à moi. Je m'assieds par terre, adossé au divan, entre deux de ses camarades. J'incarne, à moi seul, le public. On répète *Le Chandelier* de Musset. Valérie tient le rôle de l'infidèle et délicieuse Jacqueline. En face d'elle, un jeune homme joue Fortunio. Elle l'ensorcelle de sa grâce coquine et il se laisse faire, ahuri et comblé. « Quel que soit le caprice du hasard à qui je dois cette faveur, permettez-moi d'en profiter, dit-il. Je ne puis que répéter mes paroles : je mourrais de bon cœur pour vous. » La voix de Valérie prend des intonations angéliques pour répondre :

« Non, ce que j'ai à vous demander ne peut avoir de suite aussi grave, Dieu merci ; c'est un rien, une bagatelle. Vous êtes un enfant, n'est-ce pas ? Vous me trouvez peut-être jolie, et vous m'adressez légèrement quelques paroles de galanterie. Je les prends ainsi, c'est tout simple ; tout homme à votre place en pourrait dire autant. » Je suis subjugué et en même temps effrayé par la coquetterie dont elle fait preuve devant cet inconnu trop confiant. Est-elle réellement capable de tant de rouerie ? Quelle est la part de la sincérité et quelle est celle de l'artifice dans ce jeu malsain ? Où est ma vraie sœur dans l'imbroglio qui se déroule sous mes yeux ? Elle a oublié la suite du texte. On recommence. Puis on passe à d'autres scènes, entre Jacqueline et maître André, entre Jacqueline et Clavaroche. De loin en loin, une exclamation :

— Qu'est-ce que je dis, là ?

Un camarade, la brochure à la main, souffle le texte. Valérie enchaîne. Elle a le feu aux joues. Elle est irrésistible. J'ai envie à la fois de l'applaudir et de la gifler. L'applaudir pour son talent, la gifler pour son mensonge. Car le talent de l'acteur n'est que mensonge. En jouant la comédie, elle s'éloigne de moi.

Je me fais l'effet d'être, moi aussi, une sorte de Fortunio, un « chandelier » victime de sa naïveté. A peine cette pensée m'est-elle venue que je la juge inepte. Un type de vingt-cinq ans au moins, long, maigre, la joue creuse, l'œil noir, le sourcil charbonneux, règle la mise en scène. C'est un copain du cours d'art dramatique. Il s'appelle Hervé Romieux. Valérie semble faire grand cas de ses avis. Il lui reproche de ne pas marquer assez de duplicité dans la scène où elle enjôle Fortunio. Elle répond :

— Tu as raison. Je ne sens pas ces répliques. Je les récite au lieu de les vivre.

Ce tutoiement me surprend et me choque. Sans doute est-ce la règle parmi les artistes ? On reprend le passage. Cette fois, c'est mieux, Hervé est content. Ils doivent « donner » le premier acte demain, devant leur professeur, un certain Alain Theuriet, ex-sociétaire de la Comédie-Française. Cette perspective les stimule et les inquiète comme s'il s'agissait d'un examen dont dépendait toute leur carrière. Valérie a peur d'avoir des trous de mémoire. Elle me dit :

— Tu me feras répéter mon texte, ce soir, Vincent. Il faut absolument que je le sache sur le bout du doigt.

Je suis flatté de lui être utile dans son travail. Elle a préparé des sandwiches à la cuisine : pain, rillettes et fromage blanc. Oubliant Musset, la compagnie se rue sur la nourriture. Tous ces futurs acteurs n'ont que leurs tickets d'alimentation pour vivre. Ils ont l'estomac dans les talons. Pourtant ils n'arrêtent pas de parler en mangeant.

Parmi les filles présentes, une seule capte mon attention. Elle est brune, avec des yeux bleus très clairs et un nez impertinent. Elle tient le rôle de Madelon, la servante de Jacqueline. Tout en elle est grâce, espièglerie et vivacité. Même quand elle ne joue pas, elle a l'air d'être en scène. Elle s'appelle Corinne. Elle ne regarde jamais de mon côté. Pour elle comme pour ses camarades, je suis un personnage insignifiant. Je déteste mon âge. Néanmoins j'essaie de me mêler à la conversation. Hervé paraît très au courant de la politique. Il commente avec enthousiasme les premiers succès de l'offensive soviétique en Ukraine. Les autres sont du même avis. La guerre vient d'entrer dans une phase décisive. Bousculée en Italie et en U.R.S.S., menacée d'un débarquement en France, l'Allemagne est à bout de forces.

— Ne nous faisons pas trop d'illusions, dit

Valérie. Les Allemands sont encore capables d'une réaction violente sur tous les fronts. Rien n'est gagné. Et les derniers mois de la guerre risquent d'être atroces...

— Oui. Je me demande ce qu'il adviendra de Paris ! soupire Corinne.

— Ça m'étonnerait que nous passions au travers, affirme le garçon qui incarne Clavaroche. Nous sommes tous en sursis.

Il y a un contraste étrange entre le cataclysme qu'évoquent leurs propos et la légèreté mélancolique de la pièce qu'ils viennent de répéter. D'un côté le délicat Musset, de l'autre les bombes. Peut-on s'intéresser à la fois à la mise en scène d'une comédie et à la boucherie qui ensanglante l'Europe ? Oui, oui, nier l'avenir quel qu'il soit, jouir de l'instant, vivre comme si la menace était toujours pour les autres. C'est ma philosophie. Je n'en démordrai pas, quoi qu'il arrive. Dans un élan de gaieté, Valérie propose d'organiser chez elle un réveillon de nouvel an « à tout casser ». Il y aura des disques nouveaux et un buffet « de première ». Tous jubilent. Seul Hervé paraît quelque peu réticent. Elle se pend à son bras :

— Il faut absolument que tu viennes, Hervé...

Il a un sourire triste et murmure :

— Tu sais, moi, les fêtes de ce genre...

— Quoi ?

— Ce n'est pas mon affaire !

— Allons, secoue-toi un peu, rugit l'interprète de Clavaroche. On n'a pas tellement l'occasion de rigoler !

— Le moment est-il bien choisi pour rigoler, comme tu dis ? observe Hervé.

— Quand on est dans la poisse, il faut réagir ! s'écrie Corinne en levant son verre.

Mais Hervé s'entête :

— Ça dépend de quelle façon.

— Tu as bien accepté de venir chez moi, cet après-midi ! renchérit Valérie.

— C'était une réunion de travail.

— Eh bien, le 31, ce sera une réunion d'amitié. Nous comptons tous sur toi !

— Bon, bon, soupire-t-il. Si tu insistes...

Je sens qu'il n'est qu'à demi convaincu. Ma sœur le remercie d'un baiser d'oiseau sur la joue.

Quand ils sont partis, je retrouve avec bonheur *ma* Valérie. Elle lave la vaisselle dans l'évier et, debout à côté d'elle, j'essuie les assiettes, les verres. Ni elle ni moi n'avons assez faim pour dîner après ces agapes improvisées. Elle se met au lit. Je m'assieds sur le pouf, à son chevet, je prends la brochure en main et elle me récite son rôle. Je lui donne la réplique. Certaines phrases de Fortunio, lorsque je les prononce, me remuent jusqu'aux tripes. Comme si elles venaient de moi. Valérie ne doit présenter que quelques scènes demain, mais, entraînés par le mouvement dramatique, nous filons toute la pièce. Pour le plaisir. Entre deux actes, elle me dit :

— Tu te débrouilles très bien. Tu devrais venir au cours, toi aussi...

— Et l'institut Martinez ?

— C'est vrai, j'oubliais...

Elle a oublié que je n'étais qu'un élève de seconde en retard dans ses études ! Je pavoise. Nous reprenons. Vers minuit, nous sommes encore emberlificotés dans les tourments amoureux de Jacqueline et de Fortunio. Puis nous parlons du réveillon de la Saint-Sylvestre. Il faudra demander aux parents de nous ravitailler largement. Du champagne, bien sûr. On n'en manque pas à la Poivrière. Par correction, nous préviendrons les voisins que la nuit sera peut-être bruyante. Nous décorerons le studio avec des guirlandes en papier de couleur. Le pick-up jouera à tout berzingue. Je me promets une grande joie de ce passage d'une année à l'autre au milieu des amis de ma sœur. Elle est aussi excitée que moi à l'idée des préparatifs. Quelle robe mettra-t-elle ? Aurons-nous assez de disques ? Le studio ne sera-t-il pas trop petit pour contenir tout ce monde ? Nous décidons de nous limiter à vingt-cinq personnes. Je demande incidemment :

— Quel âge a-t-elle, Corinne ?

— Vingt-deux ans, je crois, dit Valérie. Elle te plaît ?

— Elle n'est pas mal.

— Elle a surtout de beaux yeux.

Je songe aux yeux saillants de Mireille, la sœur de Fénardieu. Evidemment il n'y a pas de comparaison possible. Et c'est Mireille qui me remarque, alors que Corinne ignore superbement mon existence. Je retourne dans ma cambuse et me console en écrivant des vers.

Toutes les livraisons se sont déroulées sans anicroche. Hier, dans un ultime voyage, Joseph, sur son triporteur, nous a largué six bouteilles de champagne que nous avons rangées dans la glacière, déjà bourrée a craquer. La cuisine regorge de victuailles : pain de mie, saucisson, jambon, boîtes de pâté... Nous disposons de la journée pour préparer le buffet. Les invités n'arriveront qu'à dix heures du soir. Le réveillon s'annonce étincelant. Ce matin, Valérie m'aide à accrocher les dernières guirlandes. Grimpé sur une chaise, je suspends la boule de gui traditionnelle à un piton planté dans le plafond. Soudain le hurlement des sirènes. Nous avons l'habitude. Pas question de descendre à la cave. La plupart du temps, il s'agit d'une fausse alerte. Nous ouvrons la fenêtre. Dans la rue, des gens se hâtent vers les abris. Un chef d'îlot s'époumone dans son sifflet. Le ciel se gonfle d'un vrombissement sinistre. Il est onze heures et demie. Aveuglé par un froid soleil d'hiver, je ne distingue pas le moindre avion au-dessus de ma tête. Mais je les entends de plus en plus nettement. Ils arrivent par vagues successives. Où vont-ils porter leurs coups ? Un long silence, puis des chocs sourds ébranlent la ville. La maison vibre de toutes ses portes, de toutes ses croisées. Au bruit fracassant des bombes, répond le claquement sec de la D.C.A. J'échange un regard inquiet avec Valérie.

— Cette fois, c'est sérieux ! dit-elle.

Une fumée épaisse s'élève du côté d'Asnières. D'impalpables parcelles de charbon volent dans l'air glacé. Le ciel bleu, sans un nuage, devient lentement violacé et lourd. Et toujours, là-bas, le vacarme des bombes aveugles. Par crainte d'un éclat d'obus de D.C.A., Valérie se décide à fermer fenêtres et volets. Tapis dans la pénombre, avec nos guirlandes de fête au-dessus du front et nos bouteilles de champagne dans la glacière, nous attendons la fin du cauchemar. Pourquoi ce raid violent un 31 décembre ? Ce jour-là ne devrait-il pas être un prétexte à réjouissance pour tous les belligérants ? J'en arrive presque à reprocher aux Alliés de nous gâcher notre réveillon ! Déjà, au loin, les explosions se raréfient. Subitement, c'est le silence. La D.C.A. elle-même s'est tue. On respire, la poitrine délivrée d'une masse de plomb. L'angoisse passée, une formidable envie de vivre m'électrise. Les sirènes hurlent à nouveau pour annoncer la fin de l'alerte. Valérie et moi descendons dans la rue. Une odeur de poussière, de goudron, de papier brûlé nous prend à la gorge. Les gens sortent des caves, s'assemblent sur le trottoir, interrogent le ciel, discutent avec fièvre. Nous nous mêlons à un groupe de locataires de notre immeuble.

— C'est l'usine Gnome et Rhône qui a été bombardée, dit un vieux monsieur apparemment bien renseigné.

— Et tout le quartier autour ! s'écrie une grosse dame, rouge d'indignation. Ils ne s'embarrassent pas de détails ! Ils tapent dans le tas !

— Pourvu qu'il n'y ait pas trop de victimes ! soupire la concierge.

— Ça, il y en aura ! dit le vieux monsieur. Mais que voulez-vous ? C'est la guerre ! La guerre totale ! Civils ou militaires, nous sommes tous logés à la même enseigne !

— Ils auraient pu choisir un autre jour ! observe la dame congestionnée.

Elle habite au-dessus de chez nous. Valérie l'a prévenue, hier, que nous allions donner une soirée. La dame nous jette un regard sévère, comme si elle condamnait en nous toute l'insouciante jeunesse de France. Brusquement, j'ai mauvaise conscience. Dans les circonstances actuelles, notre réveillon ne va-t-il pas passer pour une provocation scandaleuse, pour une insulte aux victimes du bombardement ? Je prends Valérie à part et je lui dis, à voix basse, mon inquiétude. Elle hoche la tête et murmure :

— C'est évidemment très ennuyeux. Mais que faire ? On ne peut pas décommander les amis maintenant qu'on a tout préparé...

Nous remontons dans le studio. Valérie rouvre les volets. Et soudain, saisie de fureur, elle arrache les guirlandes de papier.

— Qu'est-ce que tu fous là ? dis-je, abasourdi.

— Ces guirlandes sont ridicules ! déclare-t-elle avec force, le regard meurtrier.

Les guirlandes chiffonnées, déchiquetées disparaissent dans la poubelle. Je ne proteste plus. Un malaise me ronge tout au long de l'après-midi. Quelques amis téléphonent à Valérie pour lui demander si notre réveillon « tient toujours ».

— Mais oui. Pourquoi pas ? répond-elle avec bravade.

Finalement personne ne se décommande. Jusqu'à l'arrivée des premiers invités, je vis dans une angoisse coupable. Bientôt, c'est la cohue autour du buffet. Les garçons ont tous, plus ou moins, le style anglais, avec les cheveux longs, un toupet sur le haut du crâne et des vestes qui tombent à mi-cuisses. Les filles, elles aussi, sont vêtues avec recherche. Je me dis que chacune de ces robes est le résultat d'acrobaties ingénieuses, qu'on a utilisé des chutes de tissu pour telle blouse, des fournitures d'ameublement pour la garniture de telle jupe et que tel boléro a peut-être été coupé dans un vieux rideau. Mais l'ensemble donne l'illusion d'une joyeuse élégance. Ma sœur porte un tailleur bleu nuit que sa couturière lui a confectionné d'après un modèle de Nina Ricci. Corinne est en vert amande, ce qui éclaire ses yeux d'une lumière aquatique, surnaturelle. Très gentiment, Valérie m'a proposé d'inviter Fénardieu et Mireille. J'ai décliné cette offre. Peut-être ai-je eu tort ? Corinne continue à m ignorer. La musique du pick-up est assourdissante. Des couples exécutent un swing endiablé au milieu du studio. Je danse si mal que je n'ose m'aventurer parmi eux. D'ailleurs, qui inviterais-je ? Toutes ces filles sont plus âgées que moi. La timidité me paralyse. Pour me donner une contenance, je reste debout derrière le buffet et assure le service. On boit un punch très délayé en attendant le champagne. J'observe ma sœur. Elle qui était si exaltée avant la fête paraît à présent soucieuse, inquiète, mécontente. Quand on lui parle, elle a un sourire figé et répond de travers. Je devine la cause de sa déception : Hervé n'est pas venu. A minuit moins le quart, malgré le vacarme, elle décroche le téléphone. Sûrement, c'est lui qu'elle appelle. Je ne puis entendre ce qu'elle dit. En reposant l'appareil, elle a un visage de défaite. Je l'emmène dans l'antichambre où s'amoncellent les manteaux et lui demande tout de go :

— Tu l'as eu au bout du fil ?

— Oui.

— Alors ?

— Il trouve que je n'aurais pas dû donner

cette soirée, que c'est moche, que... que c'est indécent..., après ce qui s'est passé...

— C'est pour ça qu'il nous a fait faux bond ?

— Exactement. Il est furieux contre moi !

— Il ne va tout de même pas nous gâcher notre réveillon !...

Valérie a un éclair de rage dans les yeux.

— Bien sûr que non ! s'écrie-t-elle avec une fausse gaieté.

Et elle retourne auprès de ses invités. L'instant d'après, je la vois dansant un slow dans les bras de Clavaroche. Joue contre joue, jambes emmêlées, elle feint un parfait bonheur de musique et de sentiment. Elle m'a chargé d'éteindre l'électricité à minuit tapant. Je regarde ma montre, ouvre un petit placard et, au moment fatidique, coupe le courant en maniant le disjoncteur. Des exclamations de joie éclatent de toutes parts.

— Bonne année !... Bonne année !...

Quelqu'un actionne un briquet, allume une bougie. Une faible lueur perce la nuit. On s'embrasse dans la demi-obscurité complice. Je sens deux mains légères autour de mon cou. Un souffle tiède effleure mes lèvres.

— Bonne année, Vincent.

— Bonne année, Valérie.

Je suis bouleversé de tendresse et de gratitude. Nous restons un moment enlacés, émus, le cœur serré, elle parce que Hervé n'est pas venu, moi parce qu'elle m'a retrouvé, à tâtons, dans la pénombre.

— Rallume, dit-elle.

Je m'exécute. Les couples continuent à s'embrasser sous le gui. Clavaroche proclame :

— Vous verrez que cette année 1944 sera celle de la victoire !

Posté derrière le buffet (une planche sur des tréteaux), je sers le champagne. Tout le monde boit à la fin de la guerre. Le bombardement du matin est oublié. Corinne, qui est pompette, se frotte en dansant contre un inconnu. J'évite de la regarder. Le swing bat son plein. La dame du dessus proteste à coups de manche à balai sur le plancher. Je baisse le son du pick-up et la fête continue. La nuit passe très vite. Au petit matin, dès la levée du couvre-feu, les invités se dispersent.

Filles et garçons ont des visages las, aux yeux cernés, à la bouche molle. J'ai un goût âcre sur la langue. Une tornade s'est abattue sur le studio. Nous rangerons plus tard. Valérie s'affale sur le dos en travers du lit, les bras ouverts, lance ses chaussures l'une après l'autre au fond de la pièce et murmure :

— C'était tout de même très réussi, non ?

Mais ses yeux sont gonflés de larmes.

Un chuchotement me réveille. Valérie a fermé la porte du cagibi. Elle téléphone. Bien qu'elle parle d'une voix amortie, je distingue des bribes de phrases :

— Je ne supporte pas ce malentendu entre nous... Evidemment, j'ai eu tort... Mais mets-toi à ma place, mon amour : je ne pouvais plus renoncer... J'ai passé une soirée horrible !... Sans toi, comment veux-tu que je sois heureuse ?... Il faut oublier tout cela... Je t'en supplie...

Cette longue plainte amoureuse me consterne. Nul homme au monde ne mérite que ma sœur s'abaisse à ce point devant lui. Qui est-il, cet Hervé, pour nous donner des leçons de morale ? Elle insiste :

— Quand est-ce que je te revois ? Tu viens

au cours, cet après-midi ?... Bien sûr que j'y serai !... Oh ! oui, viens, viens, viens !...

Il y a un tel accent de gaieté dans son exclamation que j'ai honte pour elle. L'amour exclut-il l'amour-propre ? Quand elle a raccroché, j'ouvre la porte. Elle est là, les cheveux défaits, rayonnante, dans son peignoir. Quatre mots de rabibochage lui ont rendu le goût de vivre. J'envie le pouvoir sur elle de cet étranger, de cet intrus. Elle ne dissimule pas la cause de son allégresse :

— C'est Hervé... Je le vois tout à l'heure, au cours... Qu'est-ce que tu fais, toi ?

— Rien. Tu sais bien que je suis en vacances.

— Tu vas venir avec moi ! Tu verras, c'est très amusant !

J'accepte d'enthousiasme. Chaque fois qu'elle m'associe à des événements de sa vie, je suis dans la joie.

Je n'ai jamais encore assisté aux cours d'Alain Theuriet. Je m'imagine qu'ils ont lieu dans un local approprié, avec une estrade, un rideau, des projecteurs. Or, tout se passe dans un vaste studio dénudé, aux vitres poussiéreuses. Les élèves sont installés sur des chaises, en demi-cercle devant l'espace libre qui figure la scène. Groupe après groupe, ils se lèvent, ils débitent leurs répliques, et Alain Theuriet, superbe, le masque léonin sous une chevelure argentée, les interrompt, se moque d'eux, les oblige à recommencer. Ils avalent ses remontrances avec une humilité respectueuse. Tous, me semble-t-il, jouent faux, appuient sur les effets, gesticulent, grimacent. Debout au dernier rang, je me désintéresse bientôt de leurs singeries, pour observer Valérie et Hervé qui sont assis côte à côte. Leurs épaules se touchent. Devant eux, volent des bribes de Musset, de Beaumarchais, de Marivaux, de Giraudoux. Ils attendent le moment de se présenter, eux aussi, au jugement du maître. J'ai le trac à leur place. Enfin, voici leur tour. Encore *Le Chandelier*. Mais cette fois, c'est Hervé qui tient le rôle de Clavaroche. Il remplace son camarade absent. Je le trouve plein d'assurance, de cynisme et de drôlerie dans cet emploi de vantard. De son côté, Valérie, incarnant Jacqueline, me paraît encore plus rouée et plus troublante qu'à la maison. En deux temps trois mouvements, la scène est expédiée. Alain Theuriet les félicite. Ils boivent du petit lait sous les compliments. Le maître leur suggère de travailler *Amphi-*

tryon 38. On se hâte vers la sortie. Dans la rue, les élèves se dispersent.

Valérie et Hervé se dirigent vers un café de la rue Royale, non loin du studio de Theuriet. Je leur emboîte le pas, et nous nous retrouvons attablés devant trois jus de pomme chauds à la saccharine. Je suis assis à côté de Valérie sur la banquette, Hervé en face de nous, sur une chaise. Il la boit des yeux, un étrange sourire aux lèvres. Je le trouve énigmatique, avec ses traits irréguliers et son regard ardent. On le devine habité d'une passion intense pour toutes les formes de la vie. Je comprends que Valérie puisse être amoureuse de ce type, dont la sensibilité est toujours sous pression. Il magnétise ceux qui l'approchent. Que suis-je auprès de lui ? Un petit frère, un gamin, une larve. Sans s'occuper de moi, ils évoquent quelques incidents du cours. Je ne les gêne même pas. Ils m'ont exclu de leur champ visuel. Cependant je m'incruste. Pour attirer leur attention, je me mets à parler de la guerre, de la vie à Paris qui devient de plus en plus difficile. En ce début d'année, on ne trouve que peu de journaux dans les kiosques. Les cinémas ferment à dix heures du soir, ce qui permet, entre dix et onze heures, de raréfier encore les rames de métro. Les vélos-taxis ont été supprimés. Il y a au moins une alerte par jour. On raconte qu'un débarquement anglo-américain se prépare pour les semaines à venir. Hervé et Valérie m'écoutent, soupirent et échangent des regards tendres. Il lui a pris les mains sur la table. Le drame du réveillon est effacé. J'ai même l'impression que le couple s'est plus étroitement ressoudé après cette courte épreuve. J'avale mon jus de pomme si rapidement que je me brûle le palais. Soudain la colère me saisit

— Salut. Je me tire, dis-je à Valérie.

— Où vas-tu ?

— Je rentre.

Je me lève, enfonce mon chapeau sur ma tête et prends congé de ma sœur et d'Hervé avec le sentiment que mon départ les soulage.

Il est sept heures du soir. Dans la rue obscure et froide, ponctuée de loin en loin par la pâle lueur des réverbères aux vitres peintes en bleu, je m'arrête, je regarde autour de moi, j'hésite. Retourner à la maison ? Plus tard, peut-être. J'ai envie de marcher au hasard. Je suis venu en métro avec Valérie. Je m'éloigne, à pied, du café, en direction de la Madeleine. Personne ne m'attend nulle part. Je suis seul au monde. Cette liberté totale, loin de me réjouir, me procure une impression d'échec et de tristesse. Je croise des inconnus frileux, aux mines préoccupées. Tout Paris a froid, a faim, a peur... Et moi, je suis comme un chien qui a cassé sa laisse et qui erre dans la ville, sans but, le nez au vent. Alors que je traverse la place de la Madeleine, une voiture allemande me frôle. En reprenant pied sur le trottoir opposé, je me dis que je l'ai échappé belle et je le regrette. Finir sous les roues de l'occupant. Pourquoi pas ? Tous mes problèmes seraient résolus d'un seul coup. Tandis que je me fais cette réflexion, une femme, sortant de la rue Godot-de-Mauroy, m'accoste. Dans la pénombre, je distingue une silhouette trapue, au masque de maquillage et de misère. Elle n'est pas vieille. Elle n'est pas laide. Mais elle a l'air fatiguée, malade. Je ne comprends pas d'abord ce qu'elle me veut. D'une voix enrouée, elle m'invite à la suivre.

— Je n'ai pas d'argent, dis-je.

— Pas du tout ?

— Si, un peu.

— Montre.

Je m'exécute. Elle fait la grimace, puis marmonne :

— Ça ira. Je te ferai un prix.

Avec horreur, je m'entends dire :

— Allons-y !

Elle m'entraîne. Je vais à l'abattoir. Tout cela est parfaitement irréel et absurde. Est-ce bien moi qui m'engouffre dans le vestibule de cet hôtel de passe, qui grimpe un escalier raide derrière une croupe remuante, qui entre dans une chambre aux murs tapissés d'un papier à fleurettes et au grand lit tendu de draps grisâtres dont la seule vue me soulève le cœur ? Elle me dit de me déshabiller et je m'exécute. Elle se déshabille elle-même. Il fait très froid. Soudain j'ai devant moi une forme de chair blafarde, avec du poil au bas du ventre et aux aisselles, et des seins volumineux dont les mamelons violacés ressemblent à des dés à coudre. Elle éteint le plafonnier et allume une lampe de chevet. Elle s'approche de moi. A courte distance, je respire sur elle une odeur rance et alliacée.

— Brr ! dit-elle. Viens qu'on se réchauffe !

Et, d'une poigne autoritaire, elle m'attire contre elle. Nous tombons sur le lit. Je sens sur ma bouche son haleine de tabac et de bière. Elle tâte mon sexe mou et grogne :

— Tu n'es pas en train. C'est la première fois, je parie...

Je ne réponds pas. Elle s'évertue avec la main, avec la bouche. Enfin, guidé par elle, je m'enfonce entre ces cuisses blanches avec l'impression de me venger de quelqu'un et, en même temps, de me détruire. Pendant les quelques secondes d'un va-et-vient grotesque, je ne cesse de penser à ma sœur et à Hervé. Sous moi, la femme gémit :

— Ah ! Ah ! Oh ! oui... Tu vas me faire jouir !... Ah ! que tu es fort !...

Son visage peinturluré se convulse. Sa poitrine halète. Elle tressaute, elle râle, elle miaule. Moi, je m'acharne et j'ai envie de pleurer. Un plaisir spasmodique me secoue. Est-ce là l'extase divine dont on parle dans les romans ? Je me rejette sur le côté. Elle rallume le plafonnier. Pleine clarté sur le désastre.

— Tu as aimé ? me dit-elle.

— Oui, oui...

— Te voilà dépucelé, mon grand ! Va te laver, maintenant.

Et elle me désigne un coin de la chambre où trônent, côte à côte, un lavabo et un bidet. Le bidet est fêlé, avec, au fond, une trace de rouille. L'eau froide sur mon sexe me restitue la notion de la réalité. J'aurais envie de m'asperger des pieds à la tête tant je me sens souillé par mon contact avec cette pouffiasse. Je m'essuie, je me rhabille, je paie la fille et je m'enfuis. Dans le métro qui m'emporte vers la place Pereire, il me semble que tous les voyageurs me regardent et ricanent. Ils doivent deviner cet escargot de chair punie, ratatiné sous ma braguette. De quel air me présenterai-je devant ma sœur ? Mais n'a-t-elle pas connu, elle aussi, cette saleté qu'est l'amour physique ? Non, non, pas elle ! Entre elle et Hervé, il s'agit d'une pure affaire de sentiments. Une communion d'âmes dont toute bassesse est exclue. Je ne lui dirai rien. Tout sera comme avant. Balancé par le mouvement saccadé du wagon, je revois avec une netteté insolite la lampe de chevet, dans la chambre d'hôtel : une ampoule jaune, sertie dans une tulipe de verre dépoli. Un pétale de la tulipe était cassé à la base. Je l'avais remarqué pendant que je m'escrimais sur le corps de la putain. Je sais à présent que je n'oublierai jamais cette lampe hideuse. Chaque fois que je ferai l'amour, elle m'éclairera. Absorbé par une vision quasi hallucinatoire, je manque ma station et descends à l'arrêt suivant : Porte de Champerret. Une marche dans les rues noires me fera du bien. J'ôte mon chapeau pour que l'air de la nuit me lave le front et me dégrise. En arrivant à la maison, j'ai peur d'affronter Valérie. Mais elle n'est pas là. Je respire, prends mon cahier de brouillon et écris d'une traite :

Je voudrais revenir après un long voyage,
Quand les voiles du soir assourdissent les bruits,
Et m'avancer, joyeux, sur le sable des plages,
Vers la blanche cité qui s'endort dans la nuit.

Pourquoi est-ce que j'éprouve un tel désir de paix crépusculaire, d'espace, de propreté ? Ces vers ne sont pas fameux, mais ils me consolent de ce que je considère comme une trahison, comme une déchéance. Quand Valérie arrive enfin, je la saisis par les épaules et je l'embrasse, tel un naufragé étreignant son sauveteur. Elle me dévisage avec surprise et murmure :

— Que se passe-t-il ?

— Rien. Absolument rien, dis-je.

Et je continue à l'embrasser, à la respirer pour oublier l'autre.

La guerre passe sur moi sans trop m'écorcher. Certes, comme tous mes camarades de classe, je me passionne pour les nouvelles de la grande empoignade : les Russes délivrent Leningrad, les Alliés renforcent leur pression sur Cassino, les Allemands multiplient les rafles, traquent les Juifs, placardent sur les murs de Paris des affiches pour dénoncer les agissements horribles des « terroristes »... Mais ces événements semblent se dérouler en dehors de mon existence personnelle. Mon univers à moi, c'est l'institut Martinez, le studio de la rue Pierre-Demours, le cours d'art dramatique où j'accompagne parfois Valérie. Je vis sur deux plans : l'un irréel, avec les informations de la radio ; l'autre réel, avec ma sœur, mes études, les vers que je griffonne en secret, mes conversations avec mon ami Fénardieu... Toute la famille Fénardieu claque du bec. A l'occasion, je chaparde du ravitaillement aux cuisines de la Poivrière et apporte un paquet à mon copain. Chaque fois, il me remercie avec une effusion dont j'ai honte pour lui et pour moi.

Un vendredi du mois de mars, alors que je me trouve, avec Valérie et Hervé, dans la salle d'un café des Champs-Elysées, la panique s'empare des consommateurs. Dans l'encadrement des portes vitrées, surgissent des agents aux faces inquiétantes. Un brigadier crie :

— Ne bougez pas ! Préparez vos papiers !

— Une rafle, murmure Hervé. Ils cherchent des travailleurs pour l'Allemagne.

— Que faut-il faire ? balbutie Valérie.

— Toi et Vincent, restez. Vous ne risquez rien. Moi, je file...

Rasant les murs, il se glisse vers le fond de la salle. Sans doute y a-t-il par là une sortie de secours. D'autres clients — des jeunes surtout — essaient de l'imiter. Trop tard, les agents se lancent à leur poursuite et les ramènent, le dos rond, le regard éteint. Un instant, nous craignons de reconnaître Hervé dans le groupe : mais non, il a eu le temps de s'échapper. A présent, les gardiens de la paix passent entre les tables et examinent les cartes d'identité, tandis que deux représentants de la Feldgendarmerie, casqués, bottés, la mitraillette au poing, surveillent le déroulement des opérations. La police française et la police allemande marchent la main dans la main pour cette besogne de négriers. Les hommes qui ne sont pas en règle sont poussés dehors, vers des cars où on les embarque. Nous présentons nos papiers à un inspecteur en civil. Avant même d'y avoir jeté un coup d'œil, il me toise froidement et demande :

— Quel âge avez-vous ?

Le cœur pincé, je murmure :

— Dix-sept ans.

— Il poursuit ses études, précise Valérie.

L'inspecteur fronce les sourcils, scrute nos papiers, nous les rend et grogne :

— C'est bon. Vous pouvez partir.

— Où emmenez-vous tous ces gens ? questionne Valérie d'une voix blanche.

— Ça ne vous regarde pas.

Et il s'éloigne pour s'occuper de nos voisins de table. Nous sortons, les jambes faibles. Tout le long des Champs-Elysées, des cars de police sont rangés devant les cafés et les cinémas. Des piquets d'agents gardent les issues. De temps à autre, un coup de sifflet. Quand un car est plein, il démarre. A travers les vitres grillagées, on devine des visages de détresse.

Nous nous dépêchons de rentrer rue Pierre-Demours. A peine avons-nous refermé la porte du studio que le téléphone sonne. C'est Hervé. Il est déjà chez lui. Valérie exulte :

— Mon amour, mon amour !... J'ai eu si peur !... Ils ont emmené des dizaines et des dizaines de malheureux !... Quand je pense que, toi aussi, tu aurais pu...

Sans doute demande-t-il de mes nouvelles, car elle répond :

— Pour mon frère, oui, oui, tout s'est bien passé !

Lorsqu'elle raccroche, elle a les yeux voilés de larmes. Sa respiration est entrecoupée, comme si elle luttait contre une bourrasque.

— Pourquoi s'est-il enfui ? dis-je. Il n'a pas ses papiers en règle ?

— Si... Enfin presque...

— Que fait-il dans la vie en dehors des cours de Theuriet ?

— Il travaille, le matin, comme aide-comptable dans une entreprise de transport de marchandises.

— Il a donc un emploi stable.

— Oui.

— Dans ces conditions, il ne peut pas être pris pour le S.T.O.

Elle hésite une seconde, me jette un regard intense et dit :

— Il est dans la Résistance...

En vérité, je m'en doutais un peu.

— Qu'est-ce qu'il y fait ?

— Je ne sais pas au juste. Il n'aime pas en parler... Je crois qu'il s'occupe d'imprimer des tracts, des... des journaux clandestins...

— C'est grave !... Et tu es amoureuse de lui ?

— Oui, Vincent. Hervé est quelqu'un d'exceptionnel ! Quand tu le connaîtras mieux, tu me comprendras...

— Je te comprends, je te comprends. Mais tu m'inquiètes. S'il est dans la Résistance, tu risques d'être soupçonnée, toi aussi.

— Penses-tu ! Je ne connais aucun de ses amis du réseau. Je ne sais même pas où il les rencontre. Mais, ce que je sais, c'est qu'il a beaucoup de courage. Je n'aurais pas pu estimer un collabo...

— Collabo ou non, autrefois tu étais comme moi : tu t'en foutais !

— Maintenant, ce n'est plus possible. Il faut choisir son camp. J'ai choisi.

— Moi pas. Je me laisse vivre. Tu m'en veux ?

— Je ne peux t'en vouloir de rien, Vincent. Je t'aime tel que tu es.

Et elle m'embrasse. Je voudrais qu'elle m'admire comme elle admire Hervé. Elle ne sait pas tout de moi. Pour elle, je suis un gamin transparent. Mais moi aussi j'ai une révélation à lui faire ! Comme on se jette à l'eau, je dis d'une traite :

— Depuis quelque temps, j'écris des vers. Veux-tu que je te les lise ?

Son regard s'allume de surprise et d'amusement. De toute évidence, elle ne me prend pas au sérieux. Ai-je eu tort de lui dévoiler mon secret ?

— Bien sûr, dit-elle.

Je vais chercher mon cahier et lis à haute voix ma dernière poésie, celle que je préfère. Elle s'intitule : *Le Rêve d'un petit fonctionnaire.* C'est un voyage imaginaire vers les îles tropicales. Je suis assez content de la dernière strophe :

Là-bas, des singes bleus volent de branche en branche,
Un fruit tombe, blessé de chaleur et d'ennui,

Et les nègres porteurs allument pour la nuit
Des bûchers de feu clair près de nos tentes blanches.

Quand j'ai fini, Valérie garde un moment le silence. Puis elle dit gravement :

— Tu sais que tu as beaucoup de talent ? Lis-moi encore...

Ivre de bonheur, je débite, une à une, toutes mes poésies. Elle aime moins les autres. Mais, dans l'ensemble, elle m'approuve. Cet encouragement me stimule bien plus que les compliments habituels de Fénardieu. Lui, ce n'est qu'un copain qui essaie, comme moi, de rimailler ; elle, c'est un juge extérieur et de qualité. J'accorde trop de confiance au goût de Valérie pour ne pas me considérer d'emblée comme un poète.

— Il faudra montrer tes vers à Hervé, dit-elle.

Le voici de nouveau entre nous. Je tique un peu. Mais Valérie me persuade : Hervé est un passionné de littérature, un connaisseur, il sera d'un excellent conseil. Justement il doit passer la voir demain, en fin de journée. J'accepte, mi-flatté, mi-inquiet, mi-reconnaissant, mi-furieux.

Le jour suivant, à six heures, il est là. Valérie saute à son cou et l'embrasse sur les deux joues. En camarade. Comme il a faim, elle lui sert de la viande froide, une salade de pommes de terre et de la mayonnaise. Je le regarde manger avec une sourde rancune. La place qu'il prend dans notre vie me paraît excessive. Mais ma sœur a l'air si heureuse que je ne puis la blâmer. Au bout d'un moment, mis en appétit, nous nous attablons avec Hervé dans la cuisine. Tout en grignotant, nous parlons de la rafle des Champs-Elysées, du terrible bombardement de Francfort par la R.A.F., de la mort de l'ex-ministre Pucheu, fusillé à Alger... Pas la moindre allusion au travail d'Hervé dans la Résistance. Je suis censé n'être pas au courant. Pendant cette conversation, je m'impatiente. Tout me semble futile en comparaison de l'examen qui m'attend. Enfin Valérie annonce à Hervé que j'écris des vers et que nous avons besoin de son avis. Il repousse son assiette et prend un air attentif. Perclus de frousse, je lis mes poésies à la va-vite et sur un ton monocorde. Lorsque je me tais, il hoche la tête et confirme l'opinion de ma sœur. Mais il me reproche une forme trop classique.

— C'est scolaire, décide-t-il, c'est appliqué... On sent que vous venez de lire Rimbaud... Vous naviguez encore sur le « Bateau ivre »...

Et il me conseille de m'inspirer plutôt de poètes nouveaux : Eluard, Aragon, Emmanuel, Desnos... Tous ceux-là, affirme-t-il, sont du côté de la Résistance. Desnos a d'ailleurs été arrêté par les nazis en février dernier et déporté quelque part en Allemagne. Les épreuves ont mûri le talent de ces hommes. Hervé promet de me prêter leurs œuvres.

— Pourquoi n'écrivez-vous pas en vers libres ? me dit-il encore. Cela vous permettrait une musique plus souple. En rompant le rythme, vous éviteriez d'utiliser des chevilles pour arriver au nombre de pieds voulu.

Je promets d'essayer. Mais je suis déçu. L'enthousiasme de ma sœur était plus ravigotant que cette sorte de leçon amicale. Hervé ne nous quitte qu'à dix heures du soir. Quand il est parti, Valérie s'exclame :

— Il a un jugement très sûr ! Il dit toujours ce qu'il pense. C'est quelqu'un de droit, de ferme, sur qui on peut compter. Tu vas suivre ses conseils ?

— Je ne sais pas.

— Il le faut, Vincent. Tu verras, tu t'en trouveras bien !

Elle en a l'air si persuadée que j'ai presque envie de renoncer à écrire.

Et, en effet, pendant quelques jours, je n'ouvre plus mon cahier. Il me semble qu'en montrant mes vers autour de moi j'ai tari une source. Comme si mon talent n'avait de raison d'être que s'il était méconnu. Privé de mon secret, je suis devenu n'importe qui. Les heures passent, monotones. Je lis les journaux, j'écoute la radio de Londres, je m'indigne parce qu'à Lille les S.S. ont massacré quatre-vingt-six civils, j'applaudis parce que les Alliés progressent dans leurs percées et que les bombardements écrasent l'Allemagne. Une nuit d'avril, nous sommes, une fois de plus, réveillés par les sirènes. Aussitôt après, c'est le tonnerre de la D.C.A. A travers les rideaux, luit par à-coups une fulguration mauve, électrique. Nous repoussons les volets et mettons le nez à la fenêtre. Les faisceaux des projecteurs balaient le ciel. Des fusées-parachutes se balancent dans un halo blafard. Les obus traçants griffent les ténèbres de traînées rouges, jaunes, vertes. Au tir assourdissant de la D.C.A. répond, là-haut, le grondement obstiné des moteurs. Les vagues de bombardiers se succèdent pendant deux heures, au milieu d'un vacarme de fin du monde. Puis, soudain, un abîme de silence. On dirait que toute la ville a été rasée et que seule notre maison est restée debout. Valérie téléphone à Hervé. Il habite près de la gare Saint-Lazare, dans une chambre de service, au-dessus de l'appartement de ses parents. Leur immeuble n'a pas été touché. Mais, selon lui, des bombes sont tombées sur la gare de La Chapelle et sur Montmartre. Il y aurait eu de nombreuses victimes. Valérie raccroche, à la fois soulagée et accablée.

— La paix ne reviendra jamais, murmure-t-elle.

Peu après, le téléphone sonne et c'est ma belle-mère qui s'inquiète à notre sujet. Nous la rassurons. Tout est calme dans notre quartier. Elle est surexcitée : par chance, dit-elle, les clients de la Poivrière étaient déjà partis au moment de l'alerte. Sinon, il aurait fallu les obliger à descendre à la cave. Les aviateurs anglo-américains qui bombardent les villes françaises sans discernement sont des gangsters. Elle crie le mot dans le téléphone : « Des gangsters, des gangsters ! » Puis elle passe l'appareil à mon père qui me demande rituellement des nouvelles de mes études. Je lui affirme, non moins rituellement, que tout va bien et promets de passer au restaurant samedi prochain. Après cette conversation banale, nous n'avons qu'une hâte, Valérie et moi : oublier que nous avons une famille. Nous refermons les volets. Valérie se recouche, mais elle ne peut dormir. Je m'allonge sur le lit, à côté d'elle. Nos mains se touchent. Sans nous regarder, nous bavardons à voix basse, dans le noir. Tout à coup elle me parle de maman :

— Tu te rappelles nos dernières vacances avec elle ? C'était à Cannes. Tu devais avoir dix ans, moi quinze. Nous étions inséparables... Maman disait : Valérie et Vincent, les deux V... Nous étions partis sur la mer, en pédalo, une nouveauté à l'époque... Le pédalo s'est détraqué. Impossible d'avancer. Maman est venue nous chercher en canot à moteur avec le maître nageur. Elle était bouleversée. Elle pleurait presque. Puis elle s'est mise à rire nerveusement... Elle portait un maillot très échancré sur la poitrine... Elle était belle... Je n'ai jamais connu de femme plus belle...

— Si : toi, dis-je.

— Tu trouves ? Je voudrais bien !...

Subitement j'ai envie de lui avouer que j'ai fait l'amour avec une prostituée. Mais je me retiens. A quoi bon salir ces instants d'intimité fraternelle ? Quand j'aurai une maîtresse digne de nous, je le dirai à Valérie : pas avant. Elle s'est tue. Sa respiration devient régulière. Je la quitte et vais me coucher dans mon cagibi. Comme la fenêtre est restée longtemps ouverte, il fait très froid dans la pièce. Je me blottis sous les couvertures. Je claque des dents. Je ne voudrais plus penser qu'à maman, mais, malgré moi, je revois le visage de la putain renversée sur le lit et gémissant sous ma chevauchée maladroite. Une lampe de chevet en verre dépoli brille dans ma tête. Valérie a dû s'endormir. Je me récite mes vers :

Et les nègres porteurs allument pour la nuit
Des bûchers de feu clair près de nos tentes blanches...

Je songe à un autre poème. Un poème d'amour. Dédié à qui ? A la femme que je n'ai pas encore rencontrée. Je voudrais qu'elle ressemblât à Valérie.

Le lendemain, les journaux publient des photos atroces du bombardement. Puis les mêmes journaux nous apprennent que Pétain est venu à Paris pour s'incliner devant les dépouilles des victimes. Il a été, dit-on, acclamé par une foule en délire. A cette occasion, on a hissé un drapeau français sur le campanile de l'Hôtel de Ville. Que faut-il en conclure ? Que la plupart des Français ont beau écouter Radio-Londres et souhaiter la victoire des Alliés, ils demeurent attachés à la figure d'un vieillard illustre, privé de pouvoir et qui se cramponne à sa légende. Je ne suis pas le seul à flotter. J'envie Hervé et Valérie qui ne se posent plus de questions. Je voudrais être comme eux, amoureux d'un seul être, habité d'une seule certitude politique. Mais je ne suis amoureux de personne et je ne sais où porter mes pas. Est-ce là ce qu'on nomme le scepticisme ? C'est plutôt une maladie de vieillard. Et je n'ai pas encore commencé à vivre.

L'heure du couvre-feu est passée et Valérie n'est toujours pas de retour. Elle n'a pas dîné à la maison. J'ignore où elle se trouve. L'angoisse me vide le cœur. J'imagine le pire. Une rafle, une arrestation en pleine rue... A tout hasard, je décide d'appeler Hervé. A peine ai-je pris cette résolution que la sonnerie du téléphone me vrille le tympan. C'est elle. J'explose :

— Où es-tu ?

— Ne t'inquiète pas, Vincent, dit-elle. J'ai oublié le couvre-feu. Je rentrerai demain matin.

— Où vas-tu coucher ?

— Chez Geneviève.

C'est une amie du cours Theuriet. Je devine que Valérie me ment, mais je fais semblant de la croire. Par respect pour elle. Sans doute passe-t-elle la nuit avec Hervé. Je coupe la communication parce que l'indignation m'étouffe. Ainsi, ce que je prenais pour un amour idéal s'est transformé en coucherie. Ma sœur nue dans les bras d'un homme. Je ne puis supporter l'image de cet accouplement bestial. Fou de solitude, je veux la revoir ici, tout de suite, près de moi. Puis j'essaie de me persuader qu'elle n'est pas la maîtresse d'Hervé, qu'elle a réellement laissé passer l'heure du couvre-feu, que son amie Geneviève l'héberge, que rien ne sera changé entre nous... Je tourne en rond dans le studio, en proie à une incertitude déchirante, je me couche dans son lit, je me relève, je vais à la fenêtre, je me recouche, je tente de dormir. En vain.

Au petit matin, elle n'est toujours pas là. Je dois aller en classe. Quand je reviens de l'institut Martinez, le studio est encore vide. Je pourrais téléphoner à Geneviève pour vérifier. Mais je n'ose le faire. J'attends, assis sur une chaise, les mains sur les genoux, les oreilles bourdonnantes. Enfin, un pas dans l'escalier. La porte s'ouvre. C'est elle. Fraîche, rieuse, innocente. Je ne l'interroge pas. J'ai trop peur de ses fausses réponses.

Pendant quelques jours, notre vie continue

sans incidents notables. A croire que mes soupçons, mon angoisse procédaient d'un cauchemar. Puis un après-midi, en rentrant du cours à cinq heures et demie, je trouve la porte du studio fermée au loquet de l'intérieur. Tandis que je m'escrime avec ma clef dans la serrure, j'entends Valérie qui crie :

— Voilà ! Voilà !

Elle m'ouvre et je la vois debout à côté d'Hervé, qui a un manteau de pluie sur le bras et le chapeau à la main. Elle-même est habillée, coiffée, l'air paisible. Mais, derrière eux, j'aperçois le lit défait, les draps froissés, tout un désordre de lutte amoureuse. Saisi par l'évidence, je reste un instant sans voix.

— J'allais partir, dit Hervé. Avez-vous écrit quelque chose de nouveau ?

— Je n'écris plus, dis-je faiblement.

— Tiens ! Pourquoi ?

— Manque d'inspiration sans doute.

— Quand ça reviendra, songez à me montrer vos dernières productions. Je vous ai apporté un livre : une *Anthologie des poètes français contemporains*. Lisez-le. Ça peut vous aider dans votre travail.

Je remercie avec agacement. Qu'ai-je à faire de ce bouquin ? J'ai hâte qu'Hervé déguerpisse. Enfin me voici seul devant Valérie. Son visage respire un contentement tranquille. Je ne puis croire que, quelques minutes plus tôt, elle hoquetait de plaisir dans les bras de cet homme. Comme la putain de la rue Godot-de-Mauroy. Quelle dégringolade ! Elle a tout gâché entre nous. Elle a trahi notre enfance. Je la déteste. J'ai envie de lui cracher dans les yeux.

— Tu as couché avec lui ? dis-je.

— Oui, répond-elle en soutenant mon regard.

— Et l'autre fois, ce n'est pas chez Geneviève, c'est chez lui que tu as passé la nuit ?

Elle incline la tête en signe d'assentiment. Je lui demande :

— Pourquoi m'as-tu menti, alors ?

— Tu n'avais pas à savoir...

— Aujourd'hui, je sais... Je sais et je suis consterné... Toi, Valérie... Comment as-tu pu ?...

Elle sourit et ce sourire me désarme :

— Tu oublies que nous nous aimons, Hervé et moi.

— Ce n'est pas une raison ! Vous allez vous marier ?

— Bien sûr, Vincent.

— Quand ?

— Pas avant la fin de la guerre.

— Et jusqu'à la fin de la guerre tu seras la maîtresse de cet homme ?

— J'ai vingt-deux ans, Vincent. Je suis libre.

Mes arguments tombent, un à un, devant sa sérénité femelle. J'ai envie de tout casser. J'enfonce mes poings dans mes poches. Je marche de long en large dans la pièce, en proie à une fureur qui m'empêche de mettre deux idées bout à bout. Elle s'est assise au bord du lit — ce lit où ils se sont vautrés l'un sur l'autre — et elle me regarde, à la fois amusée et inquiète. Toute la chambre me paraît soudain imprégnée de leur amour. L'air que je respire ici sent les draps chauds, la chair moite. Ma propre jalousie m'étonne. J'ouvre la fenêtre, je m'emplis les poumons de l'odeur fraîche de la rue, je me retourne et je dis d'une voix tremblante :

— Bientôt, tu vas le recevoir ici régulièrement et tu me demanderas de libérer les lieux l'après-midi, pour vos ébats.

— Mais non, Vincent.

— Si tu continues à coucher avec lui, je ne peux pas rester.

Elle ne répond pas. On dirait que ma décision l'arrange. Je suis triste qu'elle se résigne si facilement à mon départ. Je croyais qu'elle tenait davantage à moi. Hervé m'a définitivement éclipsé dans sa tête. Je redeviens le petit frère gentil et pas encombrant de nos jeunes années. Quelqu'un dont on recherche la compagnie quand on se sent un peu seule et qu'on écarte sans ménagement dès qu'une occasion de plaisir se présente.

— Tu préfères retourner chez les parents ? dit-elle enfin.

— Oui.

— Tu y seras malheureux.

— Moins qu'ici.

Elle me tend les bras, me prend par les deux mains et me fait asseoir près d'elle, sur le lit. Un baiser effleure ma joue. Ce baiser me paraît une honteuse comédie. Je ne le lui rends pas. Je ne veux plus rien savoir d'elle. Tout est rompu. Qu'elle aille avec Hervé puisqu'elle a choisi l'amour physique ! Son contact même m'est désagréable. Je m'écarte d'elle.

— Je partirai demain, dis-je.

Elle me regarde avec une tendresse mélancolique :

— Comme tu es entier, Vincent ! Tu juges tout de ton point de vue. Tu refuses de te mettre à la place des autres...

Je crâne sottement, bien que j'aie le cœur malade :

— Mais non... Je te comprends très bien... J'ai passé chez toi quelques semaines agréables. Maintenant les circonstances s'opposent à ce que je reste. Alors je fous le camp... C'est logique !

— Tu es fâché ?

— Pas du tout.

— Dans ce cas, embrasse-moi.

Je me penche sur elle et embrasse une étrangère. Elle hoche la tête :

— Oh ! Vincent, Vincent, quel bizarre garçon tu fais !

— Excuse-moi, dis-je. J'ai une leçon à préparer pour demain.

Je m'assieds, ouvre un cahier sur la table et feins de lire, alors qu'une misérable envie de pleurer me serre la gorge.

J'ai réintégré ma chambre au-dessus de la Poivrière. Tant bien que mal, j'essaie d'accepter l'absence de Valérie. Depuis que je ne baigne plus dans son atmosphère quotidienne, j'éprouve dans tout le corps une déperdition de force, d'allégresse, de volonté. Je continue à vivre par la vitesse acquise, comme un navire qui glisse sur son erre. Il y a huit jours qu'elle n'est pas venue au restaurant. Sans doute file-t-elle le parfait amour avec Hervé. Je ne lui ai pas téléphoné, espérant qu'elle me relancerait la première. Elle ne l'a pas fait. Je n'existe plus pour elle. C'est dur à avaler. Demain, si je n'ai aucune nouvelle, je l'appellerai à l'heure du dîner. Même si je dois la déranger dans les bras de son amant.

Ce matin, j'ai trouvé dans mon courrier

une lettre de Michel Cohen. Elle a été acheminée clandestinement de Suisse et postée à Paris sous une enveloppe à l'adresse dactylographiée. Quelques lignes de désespoir. Ses parents et sa sœur ont été arrêtés à Toulon et expédiés dans un camp de concentration en Allemagne. Lui a pu passer la frontière et vit chez un oncle, à Lausanne. Mais il se demande ce qu'il fait sur terre après la déportation de tous les siens. Il n'a plus de goût à rien et la seule idée d'une distraction quelconque le révulse d'horreur. « Et toi, mon vieux, m'écrit-il, que deviens-tu ? J'espère que ta famille n'a pas été inquiétée par les nazis et que vous ne souffrez pas trop des restrictions. » Ces phrases banales attisent mon remords. Je suis presque heureux que Michel Cohen ne soit pas là pour constater à quel point je m'accommode de l'occupation allemande. Hier, à l'institut Martinez, pendant la récréation, un certain Malvoisin m'a traité de « collabo honteux » et de « B.O.F.[1] ». Je l'ai giflé. Nous en sommes venus aux mains. Notre prof de français, M. Clerc, qui passait dans le préau, nous a

1. Initiales de « beurre, œufs, fromage », appliquées sous l'Occupation à des commerçants enrichis dans le marché noir.

séparés. « Pas de politique dans l'enceinte de l'établissement », a-t-il dit sèchement. En vérité, je le soupçonne de donner raison à Malvoisin. Comme tous les crève-la-faim, il m'en veut de ma bonne mine. Cela m'attriste, car je trouve que c'est un prof épatant, gai, moderne. Il nous parle de Molière, de Racine, de Corneille, de Voltaire, de Rousseau comme s'ils étaient nos contemporains. Pour un peu, je lui montrerais mes vers.

Dans cette querelle avec Malvoisin, Fénardieu a pris mon parti. Un type bien, Fénardieu. Je l'attends jeudi, au début de l'après-midi, à la maison. Nous nous réfugions dans ma chambre. Je n'ai pas invité Mireille. Elle aurait faussé notre tête-à-tête de copains. Selon notre habitude, nous nous récitons nos vers. J'estime que Fénardieu n'a aucun talent mais je n'ai pas la cruauté de le lui dire. Il me propose d'écrire ensemble des pastiches d'auteurs connus. Comme les *A la manière de...* désopilants de Paul Reboux et Charles Muller que nous avons lus l'année dernière. L'idée m'amuse. Nous nous mettons immédiatement à l'ouvrage. Notre cible : Corneille. Nous jonglons avec des alexandrins comiques et jubilons à chaque trouvaille. Un sixième acte du *Cid*. Chimène exige que

Rodrigue tue son propre père pour rétablir l'équilibre. Il hésite et cède enfin, par amour pour elle, après avoir déclamé des stances déchirantes. Les vers viennent tout seuls, cocasses et impertinents. Tantôt Fénardieu, tantôt moi lançons un hémistiche pompeux, une rime inattendue. Nous sommes épuisés à force de rire. A quatre heures, je descends chercher notre goûter aux cuisines. Chocolat chaud et tartines de confiture et de miel. Fénardieu dévore sans s'arrêter d'écrire. Il est plus à l'aise dans la parodie que dans le sentiment. Ce sixième acte du *Cid,* achevé en un tournemain, me ravit. Je décide de le montrer à Valérie. Puis je me dis qu'elle se désintéresse désormais de mes élucubrations et mon enthousiasme retombe. Tout se décolore de nouveau autour de moi. Je m'en veux d'avoir ri pour des sottises. A cent lieues de mon désarroi, Fénardieu s'esclaffe encore en rangeant ses papiers.

— Tu sais, dis-je soudain, j'ai couché avec une femme.

— Quelle femme ? demande-t-il en redevenant sérieux.

— Une putain.

— Mince ! Et tu as payé ?

— Oui.

— Cher ?
— Pas trop. Elle m'a fait une fleur.
— Ça ne m'étonne pas : à cause de ta belle gueule ! Comment était-ce ?
— A vomir !
Il plisse les lèvres avec dégoût :
— C'est bien ce qui me retient. Et puis, il y a les risques de maladie. Tu y as pensé ?
— Non. Mais maintenant je suis tranquille. Le délai est passé.
— Tu vas remettre ça ?
— Pas de cette façon-là, en tout cas. Je préfère attendre.

Nous demeurons silencieux, chacun rêvant pour son compte d'une maîtresse belle, sensuelle et distinguée, qui nous aimerait malgré notre âge. J'offre à Fénardieu de rester dîner et, bien entendu, il accepte. Je monte un plateau dans ma chambre. Il mange comme quatre. J'ai peur qu'il ne se rende malade. Au dessert, il me dit :
— Tu es vraiment un copain formidable ! C'est fou ce que je m'entends bien avec toi !

Est-ce moi qu'il apprécie ou la cuisine de la Poivrière ? Il s'en va peu avant le couvre-feu, les poches bourrées de petits fours, de biscuits au fromage et de rondelles de saucisson. Quand il est parti, je relis le sixième acte du

Cid et m'étonne de l'avoir trouvé drôle. Une farce d'étudiants tout au plus. Ensuite, je reprends la lettre de Michel Cohen, j'en pèse chaque mot et je me sens de plus en plus coupable dans mon confort. Comment puis-je être à la fois l'ami de Michel Cohen et celui de Fénardieu ? Comment puis-je passer un après-midi à rire avec Fénardieu alors que Michel Cohen pleure ses parents disparus ? Comment puis-je avoir deux peaux, deux têtes selon les circonstances ? En remontant du restaurant, après la fermeture, mon père et Constance passent me souhaiter bonne nuit dans ma chambre.

— J'ai vu de la lumière sous ta porte, dit Constance. Tu n'es pas encore couché ?

— Non, je bouquine.

— Tu as passé une bonne soirée avec ton ami ?

— Très bonne. Nous avons beaucoup ri !

— Vous avez de la chance ! grogne mon père. Les nouvelles sont si mauvaises !...

Je feins l'étonnement :

— Ah oui ?

— Nous avons eu des tuyaux par quelqu'un de très bien placé, dit Constance. Toute la Crimée est déjà aux mains des Russes, la chute de Cassino va ouvrir aux

Alliés la route de Rome, la menace d'un débarquement en France se précise. Il paraît que le Führer n'est plus maître de la situation...

— Pour nous, c'est très grave, renchérit mon père. En cas de victoire des Alliés, il y aura une révolution communiste, des dénonciations, des règlements de comptes... On nous reprochera Dieu sait quoi, alors que notre seul crime est d'avoir fait marcher notre commerce...

— Nous ne pouvons tout de même pas trier notre clientèle et fermer notre porte aux Allemands ! s'exclame Constance.

La moustache de mon père est en berne. Ma belle-mère a un visage de tragédienne abordant la scène finale. Pendant trois ans et demi, ils se sont rempli les poches et maintenant ils tremblent. Leur inquiétude est telle que je serais presque tenté de les plaindre.

— Peut-être que vous vous faites des idées, dis-je. La libération se passera en douceur. Vous avez aussi quelques amis de l'autre bord...

— Oui, bien sûr, murmure ma belle-mère, gênée. Il n'y a pas que des collaborateurs parmi nos relations. Un de nos habitués, M. Prarion, a même un fils qui a rejoint de

Gaulle. J'espère qu'il nous aidera en cas de coup dur. Ah ! quelle époque, Vincent, quelle époque !... Je t'envie d'être à l'écart de tout cela...

Mon père insiste :

— Oui, Vincent, des heures graves se préparent. Il faut être vigilant, très vigilant. Travailler, rester unis...

Il débite ces conneries avec un air de prophète. Constance lui prend la main et l'entraîne vers la porte comme un homme ivre. Et sans doute l'est-il, mais de chagrin, de frousse, de honte.

Sur le seuil, elle se retourne et dit :

— Au fait, Valérie a téléphoné tout à l'heure. Elle vient dîner demain soir.

Cette nouvelle éclipse toutes les autres dans ma tête. J'ai rendez-vous avec Valérie. Il n'y a plus de guerre.

Toute la journée du lendemain se passe pour moi, à l'institut Martinez, dans un état de profonde euphorie. Même Malvoisin, qui m'a traité naguère de « B.O.F. », me paraît subitement aimable. Il me tend la main à la récréation et m'explique qu'il était « à cran » lorsqu'il m'a insulté parce que son cousin venait d'être pris pour le S.T.O., mais qu'il ne m'en veut absolument pas de bouffer à ma faim.

— Chacun vit sa vie ! dit-il philosophiquement.

Un autre sujet de satisfaction me vient de M. Clerc, qui m'a mis un quinze sur vingt à ma dernière dissertation. Il la lit en classe. Je plane. S'il n'y avait que le français, je serais sans doute un bon élève. Mais, dans toutes les autres matières, je suis nul. Résultat : il est probable que je raterai mon bac. J'ai encore un an pour y penser. Fénardieu, qui est assis à côté de moi, chuchote :

— S'il savait qu'on a écrit un sixième acte du *Cid* !... Nous devrions peut-être le lui montrer...

— Non, dis-je. Je l'ai relu. C'est très mauvais.

— On pourrait l'améliorer. Quand est-ce qu'on se revoit ?

Sans hésiter, je réponds :

— Jeudi prochain.

— O.K., murmure-t-il.

La formule devient à la mode, à cause de la radio anglaise. Avant même d'avoir débarqué, les Américains nous ont conquis, nous les jeunes, nous les J3 [1]. D'ailleurs, personne n'est plus pro-allemand dans le pays. Sauf des gens comme mes parents qui ont fait leur beurre avec l'occupant.

Jusqu'au soir, je vis dans la fièvre en attendant l'arrivée de Valérie. Elle vient à huit heures. Mais avec Hervé. Sous le choc de la déception, j'ai envie de m'enfuir dans ma chambre. Valérie présente Hervé à nos parents :

— Un camarade de cours.

Constance nous installe tous les trois à notre table habituelle, au fond de la salle. Hervé observe avec ironie cette assemblée élégante où les taches vert-de-gris de quelques uniformes allemands tranchent sur le clair chatoiement des toilettes féminines. La plupart des clientes sont à la parade. Enrichie par le marché noir, une nouvelle classe sociale étale sa prospérité dans les lieux à la mode. Les bijouteries font fortune en vendant des bagues, des bracelets, des colliers massifs à ces privilégiées en quête d'un « bon placement » pour leurs économies. Jamais l'outrecuidance de ces parvenus ne m'a

1. Appellation réservée sous l'Occupation aux jeunes gens de seize à vingt ans, titulaires de la carte d'alimentation J 3.

frappé comme ce soir où Hervé, assis entre ma sœur et moi, les juge.

— Une belle salle ! dit-il entre ses dents. Mais j'en connais plus d'un dans l'assistance qui doit se dire qu'il vit ses dernières heures de félicité germanophile !

Il tire de sa poche un sachet plein de tabac provenant sans doute de mégots décortiqués et roule une cigarette avec un petit appareil à double cylindre et à enveloppe de caoutchouc. Je n'ose lui proposer d'acheter des « américaines » à Maryse, la dame du vestiaire : il refuserait.

Pourquoi Valérie l'a-t-elle amené ici ? Elle doit bien supposer que l'ambiance de la Poivrière n'est pas faite pour séduire un être aussi intransigeant, aussi ardent qu'Hervé. Sans doute veut-elle qu'il sache tout de ses parents, de son entourage et d'elle-même pour mieux l'aimer. C'est une franchise qui risque de se retourner contre elle. J'en viens presque à le souhaiter tant il m'est pénible de les voir côte à côte.

— J'étais sûre que ça te déplairait ! murmure Valérie. Mais tu as absolument voulu connaître cet endroit... Tu es fixé, maintenant. Crois-moi, il ne faut pas juger sur les apparences. Mes parents ne font pas de politique. Ils ne pensent qu'à leur commerce. Ils sont... ils sont inconscients...

Je m'étonne qu'elle plaide la cause de mon père et de Constance. Les détesterait-elle moins que moi ? Hervé lui sourit avec indulgence. Visiblement, il est prêt à tout pardonner, à tout accepter pour elle. Ils ont dû faire l'amour avant de venir. Il leur en reste dans le regard une sorte de gratitude réciproque, de complicité visqueuse.

Le maître d'hôtel s'approche de la table et présente la carte.

— Choisis pour moi, dit Hervé avec bonhomie.

Valérie compose le menu pour eux deux. Sans réfléchir, je commande la même chose : un tournedos avec des frites. Hervé se récrie :

— C'est Byzance !

Il me semble qu'à la perspective de ce gueuleton il oublie la politique et redevient un estomac. On nous sert très vite. Valérie et Hervé échangent un regard de joyeuse gourmandise. Moi, je n'ai pas faim. Pendant qu'ils mangent, je chipote dans mon assiette. Ils sont gaiement installés dans leur nouveau bonheur. Avoir de l'appétit en même temps, cela doit faire partie de l'entente des couples. Entre deux bouchées, Hervé me demande des nouvelles de mes études. Pas un mot sur mes poésies. Valérie aussi paraît avoir oublié ma passion pour les vers. Ils ne sont préoccupés que d'eux-mêmes. Je scrute le visage radieux de ma sœur. C'est affreux : elle a embelli.

Tandis que les bombardements se multiplient sur toute la France et que les Alliés se regroupent devant Rome, Paris sombre dans l'asphyxie. Vers la mi-mai, la radio annonce que le courant électrique sera coupé entre sept heures du matin et neuf heures du soir. Le gaz, lui, ne sera plus distribué qu'aux heures de préparation des repas. Seules les usines travaillant pour la Wehrmacht continueront leur activité comme par le passé. Les autres ne tourneront que le samedi et le dimanche, pendant trente-six heures consécutives. Les cinémas ne sont autorisés à ouvrir leurs portes que pour une seule séance. De nouvelles stations de métro sont fermées. Les journaux conseillent de réduire la consommation d'eau. A l'institut Martinez, les horaires sont bouleversés. La plupart des élèves sèchent la classe. Quelques professeurs se prétendent malades pour ne plus assurer leurs cours. Les files d'attente s'allongent devant les magasins aux étalages vides. Le ravitaillement devient de plus en plus difficile. Les prix du marché noir s'envolent. Même à la Poivrière, on craint de ne plus pouvoir approvisionner dignement les cuisines. Les bruits les plus alarmants courent de bouche à oreille. On chuchote que le téléphone cessera bientôt de fonctionner, que les autorités d'occupation ont décidé de réquisitionner les postes de T.S.F., que tous les Français en âge de porter les armes seront peut-être mobilisés par Pétain pour la défense du territoire contre l'envahisseur anglo-américain. La ville exsangue vit d'alerte en alerte. Mes parents s'efforcent de faire bonne figure devant leurs clients, mais le cœur n'y est plus. Mon père a de mystérieuses conversations au téléphone avec des gens qui, selon son expression, « ne pensent pas tout à fait comme nous mais sont néanmoins respectables ». Ma belle-mère se plaint d'insomnies. Le général von Koch ne vient plus que rarement. Son visage est empesé de gravité et de morgue. Hier, il était en civil. Les troupes françaises, anglaises et américaines sont entrées dans Rome, déclarée ville ouverte. Et soudain, c'est la nouvelle que tout le monde attend. Je l'apprends, le 6 juin, par un coup de téléphone de Valérie : les Alliés ont débarqué, ce matin, en Normandie. Elle dit d'une voix joyeuse :

— Vincent, Vincent, il faut absolument que je te voie !

Par chance, je n'ai pas classe aujourd'hui. Je promets de passer chez elle à trois heures. Au même moment, les sirènes hurlent. Une alerte. Comme toujours en pareil cas, le courant électrique est rétabli dans toute la ville. Je me précipite sur le poste de radio. Les émissions de Londres et de Sottens sont brouillées. Impossible de discerner un mot. Déçu, je me rabats sur les « Informations françaises permanentes » de Radio-Paris. Une voix sèche annonce : « Six cuirassés et vingt destroyers essaient de se rapprocher de la côte. Ils protègent des convois de bateaux de tous genres. Les batteries allemandes tirent sur eux avec une précision meurtrière. De nombreux parachutistes anglais ont déjà été faits prisonniers. »

Je me demande si je dois me réjouir ou m'effrayer de cet événement capital. La France redevient un champ de bataille. Nous sommes tous menacés d'extermination. Et mes parents les premiers. Mais si les Alliés échouent dans leur tentative, quelle désillusion ! Mon destin ne m'appartient plus. Ballotté de droite à gauche, je suis le jouet des vagues. Mon père fait irruption dans ma chambre. Il tient à la main un numéro de *Paris-Midi* avec de gros titres en première page : « Vers l'embouchure de la Seine, les Anglo-Américains ont lancé des parachutistes... Le combat est engagé avec la flotte de débarquement. »

— Tu es au courant ? dit-il d'une voix usée.

— Oui. Valérie m'a téléphoné.

— C'est terrible !... Qu'allons-nous devenir, mon pauvre petit ?... Heureusement, d'après nos renseignements, le mur de l'Atlantique est imprenable. Hitler a attiré les Alliés dans un piège. S'ils sont rejetés à la mer, ils seront forcés de conclure la paix...

Ma belle-mère surgit à son tour. En prévision des coupures d'eau, elle ordonne à notre Léonie, une brave femme un peu sourde qui nous sert depuis cinq ans, de remplir la baignoire, les lavabos et même toutes les bouteilles disponibles. Auparavant, elle s'est rendue à la banque pour retirer de l'argent. Elle raconte qu'elle a dû faire la queue parce que les guichets étaient assaillis de clients affolés.

— C'est la panique ! dit-elle. Et nous n'en sommes qu'au début !

En prononçant ces mots, elle me lance un regard glacial, comme si elle me soupçonnait d'être ravi d'une situation qui la désole. Puis elle redescend au restaurant avec mon père. Les cuisines sont en effervescence. Le chef s'ingénie à préparer des plats « acceptables » avec le peu de provisions qui lui restent. Je suis tout étonné de voir qu'à l'heure du déjeuner la clientèle afflue, comme d'habitude. Les visages affectent une parfaite indifférence à la guerre. Mais combien parmi ces convives ont le cœur serré en commandant leur menu ? Combien songent qu'ils vivent peut-être leurs dernières heures de luxe et de bombance ? Je regarde ma belle-mère qui circule entre les tables, alerte, l'œil à tout et le sourire avenant. Malgré moi, j'admire son courage dans la comédie. Mon père, lui, n'arrive pas à cacher son désarroi. Il se tient près du vestiaire, la figure longue, la moustache vaincue, et n'adresse la parole à personne. Je remonte, quatre à quatre, dans ma chambre, déjeune d'un sandwich, enfourche ma bicyclette et me rends chez Valérie.

Beaucoup de monde dans les rues. On dirait qu'à l'annonce du débarquement tous les Parisiens sont sortis de leurs trous. Espèrent-ils découvrir déjà des soldats américains aux terrasses des cafés ? Après une averse rageuse, le soleil est revenu et chauffe doucement la chaussée luisante. Je regarde au passage les vitrines des magasins zébrées de papier collant pour éviter les éclats de verre en cas de déflagration, les drapeaux à croix gammée ponctuant, de loin en loin, les façades des immeubles, la foule lente sur les trottoirs, charriant çà et là quelques uniformes. Et tout cela me paraît irréel, comme une fantasmagorie qu'un souffle de vent va dissiper bientôt.

Valérie m'accueille avec transport. Elle est seule. L'absence d'Hervé m'enchante.

— Cette fois, c'est la fin ! s'écrie-t-elle en m'embrassant avec fougue. Ils sont foutus, archifoutus !...

Elle me secoue par les épaules.

— D'après les parents, rien n'est joué, dis-je. Les Allemands ont, paraît-il, tout prévu. Ils vont écraser les Anglo-Américains après les avoir laissés débarquer...

— Non, Vincent. Une opération aussi

vaste n'a pu être décidée par les Alliés qu'à coup sûr.

— Alors nous allons être « libérés » ?

— Oui, oui, oui !

— Papa et Constance ont une de ces pétoches !

— Il y a de quoi : la Poivrière est un beau repaire de collabos et d'Allemands !

— On va arrêter les parents ?

— Peut-être.

— Il faut empêcher ça !

— Comment ?

— Hervé ne pourrait pas... ?

— Il n'est pas assez important dans la Résistance, dit Valérie pensivement. Et puis je ne voudrais pas qu'il se mêle de cette sale affaire.

— Comme tu es dure !

— On ne peut pas tout pardonner à tout le monde. Il ne faut plus que tu restes chez eux. Tu vas revenir habiter ici, le temps que les choses se tassent.

J'ai un sursaut de refus :

— Et Hervé ? Tu vis avec lui ! Je ne veux pas être entre vous deux comme... comme un gêneur...

Elle me caresse la joue du revers de la main, dans un geste qui lui est familier :

— Tu ne seras jamais pour moi un gêneur, Vincent. D'ailleurs, Hervé ne vient plus me voir que rarement. Il est très pris par son activité dans la Résistance. En ce moment, il n'est même pas à Paris...

— Et où est-il ?

— Quelque part du côté d'Evreux.

Une joie fulgurante me traverse. Est-il possible que la chance me soit de nouveau offerte de vivre auprès de Valérie, de respirer dans son sillage, de bavarder avec elle à n'importe quelle heure du jour ?

— C'est bon, dis-je, je vais chercher mes affaires et je me réinstalle !

— Oui, murmure-t-elle. Fais vite ! Je serai plus tranquille.

Comme elle tient à moi ! La tête me tourne de bonheur. Je me précipite rue de Lille et annonce ma décision aux parents. Ils m'approuvent avec une résignation amère.

— Dieu sait ce qui peut arriver dans notre coin ! soupire Constance. Nous sommes directement visés ! Plus tu te tiendras éloigné de nous, mieux ça vaudra !

Mon père me glisse de l'argent dans la main et se préoccupe de notre ravitaillement. Ma belle-mère s'affaire à préparer mon linge, mes objets de toilette. Je repars avec, sur le porte-bagages de ma bicyclette, une valise pleine de vêtements et de victuailles. Mes parents, debout sur le seuil du restaurant, agitent la main comme si je les quittais pour un long voyage. En me retournant sur ma selle pour les voir une dernière fois, j'ai un léger pincement au cœur. Dans quel état les retrouverai-je ?

Valérie a ouvert mon lit en m'attendant. Elle m'aide à déballer et à ranger mes affaires. Devant le paquet de nourriture, elle s'écrie :

— Du pâté de campagne ! Un saucisson !... Quel dommage qu'Hervé ne soit pas là !

Pendant notre dîner, je ne porte aucun intérêt à ce que j'avale. Toute mon attention est requise par le visage de ma sœur. Je ne me lasse pas d'en étudier les moindres détails, depuis la noble plantation des sourcils jusqu'aux légères fossettes qui marquent la commissure des lèvres et lui donnent l'air de sourire même quand elle est sérieuse. Manifestement, sa séparation d'avec Hervé l'attriste, mais cette mélancolie ajoute à son charme. Je voudrais qu'elle fût plus malheureuse encore pour pouvoir la consoler.

Après le dîner, comme l'électricité est revenue, nous prenons la radio. Mais Londres est toujours inaudible à cause du brouillage. Sur Radio-Paris, Pétain, la voix chevrotante, supplie les Français de ne pas compromettre leur sort par des actes qui risqueraient d'appeler sur eux « de tragiques représailles ». Ensuite, c'est Laval qui déclare, avec son fort accent auvergnat : « Ceux qui vous demandent de cesser votre travail en vous incitant à la révolte sont des ennemis de notre patrie. Vous vous refuserez à aggraver la guerre étrangère sur notre sol par l'horreur de la guerre civile. » Plus tard, à l'heure des informations, le commentateur officiel affirme que le débarquement s'est soldé par un échec, que la plupart des têtes de pont ont été évacuées, que les assaillants ont déjà perdu vingt-cinq mille hommes et qu'une trentaine de navires sont en flammes.

— Il ment! s'exclame Valérie avec un éclair de fureur dans les yeux. Je suis sûre qu'il ment!

Elle a étalé sur la table une carte de l'Europe. Les étapes successives de la guerre y sont inscrites, sur tous les fronts, en hachures rouges.

— C'est toi qui as tracé ces lignes? dis-je.

— Non, c'est Hervé.

Et délibérément, d'un coup de crayon, elle offre, sur la côte de la Manche, une large bande de terrain aux Alliés. Gribouillant ainsi, elle ressemble à une petite fille qui s'amuse. Je la prends par les épaules et l'embrasse sur la joue.

— Je ne te connaissais pas ces talents de stratège ! dis-je en riant.

— Il y a bien des choses de moi que tu ne connais pas ! répond-elle.

Son intonation est grave, son regard insistant. Que me cache-t-elle encore ? Je préfère ne pas le savoir. Ce soir, rien ne doit altérer mon plaisir. J'attends avec impatience l'heure où elle se couchera. Quand elle est dans son lit, je m'assieds sur le pouf, à son chevet. Elle a l'air pensive, lointaine. Soudain elle dit :

— Voilà quatre jours qu'Hervé ne m'a pas donné de ses nouvelles !

Un nuage glisse au-dessus de ma tête. Je demande :

— Tu es inquiète ?

— Un peu.

— Il ne faut pas... Les communications sont difficiles... Le courrier ne passe plus...

Elle me sourit faiblement :

— Tu es gentil.

— Je vais me coucher, moi aussi, dis-je.

Et je la quitte pour ne plus l'entendre parler d'Hervé.

Les Alliés gagnent du terrain au prix de pertes énormes. Du jour au lendemain, des noms de villes paisibles deviennent les symboles de combats sanglants. Je réapprends la géographie de la France sur la carte que Valérie et moi étudions chaque soir, crayon rouge à la main. Il y a eu, paraît-il, un massacre de civils par une division S.S. à Oradour-sur-Glane et, à Tulle, les Allemands auraient pendu cent dix-sept otages. Une nouvelle arme a fait son apparition : les V1, sortes d'avions sans pilote qui frappent l'Angleterre. De Gaulle a pris pied en Normandie. Les Français, sous le commandement du général de Lattre de Tassigny, ont débarqué à l'île d'Elbe. Toutes ces nouvelles se bousculent dans ma tête et m'enfièvrent. Hervé n'a toujours pas reparu. Valérie est à la fois angoissée et vaillante. Elle évite de quitter la maison, dans l'attente d'un coup de téléphone. Un raid sur Paris nous précipite à la fenêtre. Les avions bombardent la banlieue nord. Après leur passage fracassant, le ciel, naguère bleu, est obstrué par un lourd nuage à odeur de suie et de caoutchouc brûlé. Des lambeaux calcinés volent très haut dans l'espace. Toute vie a disparu de la planète. Enfin les hirondelles reviennent avec des cris perçants. Le lendemain, je persuade Valérie de sortir. Nous nous rendons dans un café des Champs-Elysées et, assis à la terrasse, assistons au passage des convois militaires allemands qui remontent l'avenue pour gagner la zone des combats. Je suis un peu gêné de n'être qu'un spectateur au moment de la gigantesque bagarre. Mais n'est-ce pas le cas de la plupart des Français ? Une foule de consommateurs m'entoure et sirote tranquillement des ersatz d'apéritif. Devant ce défilé d'engins blindés et de soldats allemands qui vont au casse-pipe, les Parisiens prennent leur revanche sur les privations et les humiliations. Je voudrais être goguenard comme eux et je ne peux m'y contraindre. Malgré moi, je pense à Hervé : lui aurait le droit de se réjouir et de ricaner, moi pas. En rentrant, je téléphone aux parents. Ils sont dans le trente-sixième dessous. Le développement de la guerre en France compromet, disent-ils, le ravitaillement de la Poivrière. Aujourd'hui, ils ont été obligés de servir un plat unique à la clientèle. Demain, s'il n'y a pas eu entre-temps un arrivage du marché noir, ils devront limiter le nombre de couverts. Une déchéance qu'ils se refusent à envisager.

— Si cela continue, dit Constance avec fierté, nous mettrons la clef sous la porte. J'aime encore mieux fermer le restaurant que de faire la gargotière de quartier !

Je raccroche, déçu : il est clair que, désormais, nous ne devrons plus compter sur nos parents pour assurer notre subsistance. La fête est terminée.

— C'est mieux ainsi, dit Valérie. J'avais honte de notre chance, devant Hervé !

Elle ramène tout à Hervé. Cela m'agace comme l'indice d'un manque de caractère. L'électricité n'étant pas encore revenue, il est impossible de prendre la radio. Soudain on frappe à la porte. J'échange avec Valérie un regard inquiet : nous n'attendons personne. Elle demande à travers le battant ·

— Qui est-ce ?

Une voix sourde :

— C'est moi, Hervé !

Elle ouvre et tombe dans ses bras. Roulant sa tête de gauche à droite, elle jette des baisers passionnés, au hasard, sur le front, sur les joues, sur la bouche du revenant. L'allégresse des retrouvailles lui fait perdre toute retenue. Mais Hervé n'est pas seul. Deux types l'accompagnent. Tous trois sont hâves, mal rasés, avec des vêtements chiffonnés et des yeux de fièvre. Ils ont l'air de clochards illuminés. Hervé présente ses camarades à Valérie :

— François et Marcel. Il faut absolument que tu nous héberges pour une nuit.

— Bien sûr ! dit-elle. Mais d'où venez-vous ?

Il fait un geste vague :

— Du côté de Caen... Nous avons fait du bon travail... Maintenant nous sommes rappelés à Paris... Ce n'est pas encore gagné... Mais le débarquement a pleinement réussi... C'est l'essentiel... Il n'y a plus qu'à poursuivre...

Il parle d'une voix hachée. Ses compagnons sont silencieux. Tout le monde m'ignore. C'est le retour du héros. Valérie n'est plus qu'une femme aveuglée par le mythe du courage mâle. J'en suis mortifié, mais je me résigne. Après tout, ce n'est que justice. Qu'ai-je fait, moi, pour mériter l'admiration de ma sœur ? Des vers de mirliton pendant qu'Hervé risquait sa vie.

— Tu n'as pas quelque chose à manger ? dit-il. On crève de faim !

Aussitôt, Valérie s'agite. Par bonheur, nous conservons encore, dans le garde-manger, un peu de ravitaillement provenant de la Poivrière : du saucisson, du fromage blanc, des cerises, du pain de campagne... Les trois hommes s'attablent devant ce repas frugal. Nous les regardons se jeter sur la nourriture avec une voracité misérable. Le dos rond, ils déchirent le pain à pleines dents. Ils boivent sec. Tout en mastiquant, Hervé nous renseigne sur ses camarades. François, le grand blond aux lunettes cerclées de métal, est étudiant en droit à Paris ; Marcel, le brun taciturne, est cultivateur dans la région de Caen. Ils ont dix-neuf et vingt ans. Hervé doit être leur chef. Mais je devine entre eux une fraternité qui se moque de la différence d'âge et de condition sociale. Ils font bloc. Ils servent une idée. Ils sont sûrs d'avoir raison. J'imagine le plaisir qu'éprouvent certains hommes à être embrigadés pour défendre une grande cause. Ce qui me frappe, c'est à la fois leur jeunesse et la modération de leurs propos. A présent, ils parlent posément de ce qu'ils ont vu en Normandie. Villes et villages écrasés par les bombardements. Victimes civiles par centaines. Des milliers de personnes sans abri. Le travail de la Résistance consiste surtout à saboter les voies de communication pour retarder l'arrivée des renforts allemands et à renseigner les Alliés sur les mouvements de troupes à l'arrière. Malgré l'horreur des destructions, les soldats américains et anglais sont, paraît-il, accueillis partout avec enthousiasme. Valérie boit les paroles d'Hervé sur ses lèvres.

— Et demain, vous allez repartir pour là-bas ? demande-t-elle.

— Non, dit Hervé. Nous restons à Paris. Il y a à faire ici également et de toute urgence.

Il ne veut pas en dire plus. Je me hasarde à poser une question absurde :

— Quand pensez-vous que Paris sera libéré ?

Hervé ouvre les bras dans un mouvement d'envol :

— Dans un mois, dans six mois... Tout dépendra de la capacité des Allemands à endiguer la formidable vague de l'invasion alliée...

Valérie intervient à son tour :

— On raconte ici que Staline pourrait signer une paix séparée avec Hitler et que, dans ce cas, toutes les armées allemandes engagées à l'est se retourneraient contre les Anglo-Américains.

— Staline n'aurait aucun intérêt à le faire, dit François. Devant lui, l'ennemi est en déroute. Plus il repousse loin les Allemands, plus il prend de gages pour le règlement final.

L'électricité revient sur ces entrefaites. Je m'empresse de tourner les boutons du poste de T.S.F. Excellentes nouvelles de Radio-Londres : les Anglais sont à quatre kilomètres du centre de Cherbourg, l'offensive soviétique se poursuit autour de Vitebsk, l'Italie, grignotée jour après jour, ne tardera pas à être totalement avalée par les Alliés... Nous trinquons, avec du vin rouge, à la fin du cauchemar. Puis, comme les hommes sont éreintés, nous nous apprêtons pour la nuit. Le studio se transforme en campement. François et Marcel s'allongent tout habillés, par terre, un traversin sous la nuque. Pas besoin de couvertures. Malgré la fenêtre ouverte, il fait très chaud. Après une rapide toilette, Hervé s'affale sur le lit de Valérie. Elle passe son peignoir et le rejoint. Je vois leurs deux têtes renversées, côte à côte, sur les oreillers jumeaux. Ils se tournent l'un vers l'autre, se regardent, se sourient. Vont-ils faire l'amour là, devant moi et les deux copains, comme des bêtes ? Depuis l'intrusion de ces trois hommes sales et exténués dans la maison, la vie a pris une coloration insolite. Les convenances habituelles sont balayées. Tout est permis en raison de la guerre.

Je me rencogne dans mon cagibi. Mais je ne puis dormir. Allongé dans le noir, je songe à Hervé et à ses deux compagnons. Ont-ils égorgé des sentinelles dans la nuit ? Ont-ils fait sauter des convois ? Ont-ils simplement porté des messages ? Impossible de le savoir. D'un commun accord, ils ont évité, tout à l'heure, de préciser la nature de leur activité dans la Résistance. Et ce mystère ajoute au respect frileux que m'inspire leur conduite. Tout à coup, je me dis que je pourrais leur demander de me prendre avec eux. J'imagine la rude camaraderie du maquis, la griserie du danger, le besoin d'être fier de soi dans l'accomplissement d'une tâche périlleuse et utile. Puis je reconnais que ce genre d'aventure n'est pas pour moi, que je suis un rêveur aux mains faibles et à l'esprit inquiet, que mon rôle est de rester assis sur une chaise, un stylo à la main. Dois-je avoir honte d'être différent de ces partisans de la violence ? La touffeur qui règne dans le cagibi me dessèche la gorge. Je me lève pour boire de l'eau à la cuisine et me glisse, sur la pointe des pieds, hors de mon repaire. Valérie ne dort pas. Elle a allumé sa lampe de chevet, coiffée d'une écharpe pour en atténuer l'éclat, et, à demi assise dans son lit, elle tient un livre ouvert à la main. A côté d'elle, Hervé, le torse nu, gît de tout son long, soûl de sommeil. Les deux autres reposent eux aussi, inertes, inconscients, sur le plancher. Un âpre ronflement règne sur cette chambrée. La respiration engorgée des trois hommes passe du grave à l'aigu avec des arrêts gargouillants, des râles, des sifflements de narines. Il flotte dans le studio une odeur virile de transpiration. La guerre est entrée chez nous. Je m'approche de ma sœur et chuchote :

— Ils font un de ces bruits en dormant ! Ça ne te gêne pas ?

— Non, dit-elle. Ils sont si fatigués, les pauvres !

— Tu es heureuse qu'il soit revenu ?

— Quelle question !

— Il va rester ici ?

— Je ne sais pas, Vincent. On verra ça demain...

Comme elle prononce ces mots, Hervé se tourne dans le lit sans se réveiller. Sa main lourde se pose sur le ventre de Valérie, dans un geste de possession. Elle ne bronche pas, proie consentante. Je le dévisage : c'est vrai qu'il est beau, avec sa figure aux traits irréguliers et aux lèvres fortes, sa pomme d'Adam saillante, ses pectoraux musclés. Il a du poil sur la poitrine. Le soleil a bruni ses avant-bras. Au-dessus du coude, commence une zone plus pâle. Ses biceps saillent même au repos. Il pousse un soupir. Sa bouche se plisse dans une moue amère. Va-t-il rouvrir les yeux ? Non, il poursuit son rêve. Valérie le couve d'un regard attendri. Et soudain, auprès de ce couple réuni pour la nuit, je me sens infirme à cause de ma jeunesse et de ma peur du combat. Je les laisse à leur bonheur animal, passe dans la cuisine et bois, à longs traits, au robinet. Mais ma soif persiste. Sans doute n'est-ce pas de quelques gorgées d'eau que j'ai besoin pour me désaltérer ?

Le lendemain matin, quand je me réveille, Hervé et ses deux camarades sont déjà partis. Valérie s'affaire dans le studio. Elle range le capharnaüm d'hier. Nous prenons notre petit déjeuner ensemble, à la cuisine. Je n'ai pas cours aujourd'hui. Assis en face d'elle, je prolonge le plaisir de siroter mon café en la regardant, belle, soucieuse, énigmatique. Quand nous avons fini, elle lave nos deux bols dans l'évier et, se tournant vers moi, dit soudain :

— Que fais-tu cet après-midi ?

— Je vais chez Fénardieu.

— A quelle heure ?

— A deux heures.

— J'aimerais que tu ne rentres pas avant sept heures.

Je comprends immédiatement de quoi il retourne et murmure avec un sourire crispé :

— Hervé vient te voir ?

— Oui.

— Vous allez faire l'amour ?

Elle me jette un regard d'acier :

— Tu poses de ces questions, Vincent !... Ça ne te regarde pas !

— Non, bien sûr. Mais pourquoi pas chez lui ?

— Il n'a plus sa chambre.

— Où loge-t-il ?

— Chez un copain.

— Quel copain ?

— Un certain Antoine Delbecq...

— C'est où ?

— Au diable Vauvert... Rue de la Glacière... Au-dessus d'un garage désaffecté...

Je ricane :

— Evidemment vous êtes mieux ici !

Elle se rebiffe :

— Tu m'agaces, Vincent ! Je croyais que tu avais compris, pour Hervé et moi. Ce n'est pas une passade. C'est sérieux, très sérieux... C'est... c'est définitif...

Elle lance ce mot avec tant d'assurance, tant de fierté que je rabats de mon ironie et grogne :

— Bon, bon!... Je te taquinais. Tu déjeunes avec moi?

— Oui, dit-elle. Mais nous n'avons que des œufs durs.

— Formidable! J'adore les œufs durs! Aussitôt après, je file et, sois tranquille, tu ne me reverras pas avant sept heures ce soir. Promis, juré...

Immédiatement elle se dénoue et redevient telle que je l'aime, gaie, simple, fraternelle. Mais je devine que, derrière cette façade de gentillesse, il y a une femme avide de volupté. Je passe la matinée à bouquiner, à gribouiller, casse la croûte en vitesse et, à deux heures pile, vide les lieux au grand soulagement de Valérie.

Ma visite à Fénardieu me déçoit. Sa sœur assiste à notre entrevue. Elle m'a l'air de plus en plus godiche. Toujours muette et me reluquant à la dérobée. Comment ai-je pu m'intéresser à une gamine de cet âge? Fénardieu me lit ses derniers vers. Je le complimente par habitude et lui annonce que, moi, je n'ai rien écrit. Il me demande pourquoi.

— Je n'ai plus la tête à la poésie, dis-je avec importance. Les événements sont si graves que tout le reste me paraît un jeu d'enfant.

Il prétend que seules les œuvres littéraires demeurent, alors que le temps efface le vain bouillonnement de l'actualité politique.

— Apollinaire écrivait ses plus belles poésies en pleine guerre de 14-18, dit-il avec emphase.

Et, pour m'égayer, il me propose de reprendre notre activité de pasticheurs en composant un sixième acte de *Britannicus*. Mireille nous laisse en tête à tête. Nous nous mettons au travail. Mais, cette fois, je renâcle. A cinq heures et demie, sans avoir ri une seule fois, je prends congé de mon camarade. Ma pensée est ailleurs. Auprès d'Hervé et de Valérie qui forniquent dans le studio. Je parcours des rues au hasard, avec la seule idée de tuer le temps jusqu'à sept heures. Tout Paris me semble engourdi dans l'attente d'un tremblement de terre.

A sept heures, je descends l'avenue Niel et m'engage dans la rue Pierre-Demours. Ne devrais-je pas attendre un peu pour leur laisser le temps de se rhabiller ? Une curiosité malsaine me pousse à les surprendre dans leur désordre. Je souhaite presque les voir encore enlacés dans le lit. Pour jouir de leur confusion. Quand je pénètre dans le studio, c'est la déception : personne. Tout est net. Les draps sont tirés, les oreillers retapés. Elle est sortie. Avec lui sans doute. Désœuvré, je tourne en rond, je vais à la fenêtre, je lorgne ma montre, je m'ennuie. Elle rentre à huit heures. Je l'interroge, narquois :

— Tu as passé un bon après-midi ?

— Hervé avait à faire en ville. Je l'ai accompagné.

Elle me paraît évasive, réticente. Je la soupçonne d'aider Hervé dans ses besognes clandestines. Mine de rien, je lui demande ce qu'elle compte faire demain, après le déjeuner.

— J'irai au cours de Theuriet, dit-elle. Comme d'habitude. Et toi ?

— En classe, sans doute. A moins que le prof ne soit absent.

Elle n'insiste pas. J'ai une idée derrière la tête.

Le lendemain, au lieu de me rendre à l'institut Martinez, où depuis longtemps les trois quarts des bancs sont vides, je mets le cap sur le cours de Theuriet pour contrôler si Valérie m'a dit la vérité. Comme je m'y attendais, elle n'est pas là. Deux de ses camarades que je questionne m'affirment qu'ils ne l'ont pas vue depuis une semaine.

Cette fois, le doute n'est plus possible : elle trafique dans la Résistance. Par amour pour Hervé plus que par conviction. Son patriotisme a une forte odeur de lit. Et je ne peux rien lui dire pour la dissuader. Elle s'indignerait. Elle parlerait d'obligation morale, de devoir, d'honneur... De même, elle refuserait de m'associer à son travail. Ce danger qu'elle accepte, elle veut m'en préserver. Pour elle, je suis le petit frère innocent, vulnérable, qu'il faut laisser dans son coin pendant que les grands s'entre-déchirent. C'est la première fois que je découvre entre elle et moi un secret aussi grave. Nos vies s'écartent. Nous ne respirons plus dans le même univers. Vivement que ce tohu-bohu s'apaise, qu'on en finisse avec la division fratricide entre collabos et résistants, qu'on remette ses pas dans les traces anciennes. Je hais les événements historiques. J'aime les habitudes. Je veux retrouver ma sœur en dehors de la politique et de la guerre.

Chaque jour nous apporte une secousse nouvelle. Philippe Henriot, secrétaire d'Etat à l'Information dans le cabinet de Laval et commentateur véhément à Radio-Paris, est abattu par des résistants. Un peu plus tard, c'est Hitler qui échappe à un attentat organisé par ses propres généraux. Entre-temps, les Américains ont encore avancé en Bretagne et les Français de la 2e D.B. du général Leclerc ont débarqué en Normandie. Harcelés de tous côtés, les Allemands se défendent avec rage, mais il est peu probable qu'ils arriveront à stopper l'invasion. Les parents en sont tellement convaincus qu'ils nous téléphonent un soir pour nous annoncer leur intention de quitter Paris. C'est Valérie qui a décroché l'appareil. Je prends l'écouteur.

— Il y aura sûrement des combats de rues, dit ma belle-mère, des prises d'otages, des massacres aveugles... Dans notre situation, nous ne pouvons pas risquer cela... Nos amis Honorat, qui habitent Senlis, ont offert de nous héberger provisoirement... Ils ont une maison immense, pour ainsi dire un château... Très gentiment, ils ont insisté pour que vous veniez aussi... Votre père et moi estimons que ce serait la meilleure solution...

Valérie me lance un regard amusé et, sans même me demander mon avis, réplique tranquillement :

— Pour vous, sans doute. Pas pour nous

— Vous n'allez pas rester à Paris, au milieu des combats !

— Paris sera déclaré ville ouverte.

— Certainement pas ! Les résistants sont des enragés : ils provoqueront les Allemands. On dit que les ponts et les stations de métro sont déjà minés par ordre des autorités d'occupation. Il faut s'attendre à un bain de sang !

— Et moi je vous affirme que tout se passera dans le calme.

— Je suis bien renseignée, Valérie !

— Moi aussi, Constance.

— Alors, vous refusez ?

— Oui.

— Mais qu'est-ce qui vous retient à Paris ?

— L'envie d'assister à sa libération.

— C'est absurde !

Mon père prend l'appareil à son tour. Lui aussi exhorte Valérie à boucler ses valises. Elle demeure inébranlable :

— Autant je suis sûre que vous faites bien de partir, autant je suis sûre que nous faisons bien de rester.

— Reste, toi, si tu veux, dit mon père. Mais j'exige que Vincent vienne avec nous. Il a dix-sept ans. C'est un gamin !...

— Justement, dit Valérie. Il est donc normal que je veille sur mon frère. Mets-toi bien dans la tête que, pour lui, je remplace maman. Je veux le garder avec moi. Quoi qu'il arrive !

Elle a un visage de défi. Je suis aux anges. Grâce à elle, j'ai retrouvé mon nid. Le bonheur me donne chaud. Je m'éponge le front avec mon mouchoir et acquiesce vigoureusement de la tête pour bien montrer que je suis d'accord avec tout ce qu'elle dit. Il y a un long silence. Puis mon père, désarçonné, marmonne :

— C'est entendu... Garde-le avec toi... Mais, je te préviens, tu prends là une lourde responsabilité...

— Quand partez-vous ? demande-t-elle.

— Après-demain matin. Nous avons obtenu une voiture avec un *ausweis* en bonne et due forme. Il faut absolument que nous vous voyions avant de prendre la route...

— Nous passerons demain à trois heures, décide Valérie.

Après avoir raccroché, elle murmure :

— Papa est moche ! C'est à cause de Constance qu'il est descendu si bas. Maman serait en vie, il n'aurait pas rampé devant les Allemands et les collabos pour mieux se remplir les poches. Cette femme l'a complètement coiffé. C'est lamentable !

Je m'étonne in petto. De nous deux, c'était

Valérie qui, autrefois, était la plus indulgente envers les parents. Souvent même elle me reprochait de manquer de cœur quand je parlais d'eux. Elle s'est durcie à leur égard depuis l'apparition d'Hervé dans sa vie. Il l'a totalement gagnée à ses idées. Elle ne pardonne plus rien à ceux qui ne pensent pas comme lui. Parfois elle me fait peur. Et cependant je suis prêt à la suivre partout, les yeux fermés.

— Tu te vois partant avec papa et Constance ? reprend-elle, emportée par la fougue.

Je me récrie :

— Ah ! non alors ! Pour rien au monde !... Je ne suis bien qu'avec toi... Eux à Senlis, nous ici, c'est parfait !

— Oui, Vincent. Ce n'est pas le moment de nous séparer. De grandes choses se préparent. Il ne faut pas rater ça !

Je crois entendre parler Hervé. Mais je n'en veux pas à Valérie de son mimétisme inconscient. L'essentiel n'est-il pas que, par sa volonté, nos deux destins soient liés pour le meilleur et pour le pire ?

Ma soirée est tout auréolée par ce rapprochement inespéré. Nous captons la radio de Londres et je feins de me passionner pour les excellentes nouvelles du front, alors que mon bonheur a une tout autre cause. Puis nous écoutons des disques. Quand Valérie se couche enfin, je me réfugie dans mon cagibi et j'écris des vers :

Visages
En marche
Le long
Des maisons,
Visages de joie ou de peine,
Visages de peur ou de haine,
Visages ouverts, visages fermés,
Visages trahis, visages aimés,
Pâle troupeau de la semaine.

C'est ma première poésie en vers libres. Pas fracassante. Mais cela m'amuse. On dirait une chanson. Déjà j'ai envie de composer la suite. Une musique de mots sautille dans ma tête.

J'éteins ma lampe de chevet, puis je la rallume et écris d'un seul jet :

Toutes ces chairs et tout ce poil,
Tous ces nez poreux aux narines sales,
Tous ces yeux, ah ! les yeux surtout,
Petits et noirs comme des trous,
Ou clairs comme des yeux de fous,

D'où venez-vous ?
Je les emporte
A la remorque,
Je les traîne tout le jour,
De rue en rue, de porte en porte,
Jusqu'à la vieille maison morte
Où je m'enferme à double tour.
La nuit sue à pleines vitres,
Les bouquins mangent leurs titres,
Le lit rentre dans le mur,
On entend le temps qui file,
Dans les glaces immobiles
Naissent des reflets impurs.
Ah ! quand viendra la seule face
Devant quoi les autres s'effacent ?

Je me relis. Est-ce bon ? Est-ce mauvais ? Je n'en sais rien. Oserai-je en parler à Valérie ? Et à Hervé ? Ils ont d'autres soucis en tête, pour l'instant. L'amour, la guerre, le plaisir, le danger. Leur jeu n'est pas le mien. Le départ de mon père et de Constance ne m'afflige nullement. Sans doute seront-ils plus en sécurité à Senlis qu'à Paris. Quels que soient leurs torts, je serais désolé s'il leur arrivait malheur à cause de la Poivrière. Ne suis-je pas, comme eux, un opportuniste ? D'autre part, il me semble que leur éloignement me livre davantage au pouvoir de Valérie. Tout ce qui nous isole, elle et moi, est bienvenu. Si seulement il n'y avait pas Hervé !

Le lendemain, à trois heures de l'après-midi, Valérie sonne le branle-bas et nous enfourchons nos bicyclettes pour nous rendre rue de Lille. La Poivrière est bouclée, verrouillée, avec, à la porte, une pancarte laconique : « Fermé pour cause de transformations. » Dans l'appartement, les bagages sont prêts pour le grand départ. Constance a un air grave et résolu. Comme si sa colonne vertébrale s'était encore raidie et son menton épointé sous l'effet de la décision. Mon père, en revanche, paraît s'être ramolli depuis notre dernière entrevue. Tout en lui est atone, du regard jusqu'à la voix. Il nous donne ses dernières instructions dans un souffle et remet à Valérie une enveloppe avec de l'argent :

— Vous en aurez besoin, en notre absence, pour tenir le coup... J'ai calculé large... Surtout soyez prudents... Ne vous aventurez pas dans les rues en cas de désordres... Méfiez-vous de tout et de tous...

Constance nous précise que le personnel de

la Poivrière a été congédié, à l'exception de Mme Fourcheny, la caissière. Cette employée de confiance s'installera provisoirement dans l'appartement familial, au-dessus du restaurant, et « veillera au grain ». Courtaude, mafflue, l'œil aigu et le cheveu teint en acajou, Mme Fourcheny se trouve d'ailleurs déjà sur place. Tout émue de sa nouvelle responsabilité, elle déclare :

— Soyez tranquille, Madame : quand vous reviendrez, il ne manquera pas une petite cuillère !

Constance l'embrasse pour ces bonnes paroles. L'instant est solennel. Mais j'ai envie de rire : je pense aux adieux de Fontainebleau. Nous restons encore un moment auprès de mon père et de Constance sans rien trouver à leur dire. Qu'avons-nous de commun avec ces deux êtres uniquement préoccupés de sauver leur peau ? J'ai pitié d'eux et je les méprise. A l'instant de la séparation, mon père se met à pleurer. Constance le rappelle sèchement à l'ordre :

— Armand, je t'en prie !...

Il se mouche et se redresse. Il avait ce même visage de vieil enfant puni à la mort de maman. Mille souvenirs d'enfance me traversent en bourrasque. Je murmure :

— Mon pauvre papa !

Il me tapote l'épaule et soupire :

— Eh oui ! Eh oui ! c'est ainsi, Vincent... La roue tourne...

J'ai la gorge serrée. En fait, je me mets trop facilement à la place des autres. Est-ce là ce qu'on nomme un manque de caractère ? Un dernier échange de baisers et Valérie m'entraîne dans l'escalier pour rejoindre nos bicyclettes enchaînées dans le hall d'entrée

Il fait très beau. La ville rit au soleil de tous ses feuillages, de toutes les robes claires des femmes. Les cafés ont ouvert leurs parasols multicolores au-dessus des terrasses. Où est la guerre ? Pédalant en souplesse aux côtés de Valérie, je m'efforce d'oublier l'humble figure de papa. Je songe que, pour la première fois, nous sommes, ma sœur et moi, vraiment seuls au monde. Et je me réjouis de notre nouvel état d'orphelins. A peine avons-nous regagné le studio que la sonnerie du téléphone retentit : Hervé. Il y avait longtemps !... Valérie lui raconte par le menu notre visite aux parents. Je l'écoute et, plus elle donne de détails, plus je me sens frustré, démuni, appauvri. Cette journée, que je croyais avoir vécue avec elle seule, devient aussi la journée d'Hervé.

Depuis la fermeture de la Poivrière et le brusque départ des parents, notre ravitaillement est devenu très précaire. Nous nous approvisionnons avec nos tickets d'alimentation, mais surtout au marché noir. De temps à autre, une concierge de la place Pereire consent à nous céder, au prix fort, un peu de nourriture. Le ventre creux, je peste, bien sûr, contre les restrictions, mais j'éprouve un réconfort moral à partager enfin le sort de la plupart des Français. Tout à coup, je me sens excusé pour des années de chance insolente. D'heure en heure, la guerre se rapproche de nous. Brest, Vannes, Mayenne, Laval sont libérés. Les commentateurs de Radio-Paris ont beau affirmer que les Alliés jouent leur va-tout et que la riposte allemande sera foudroyante, il suffit de se promener dans les rues pour constater le désarroi des occupants. Certains hôtels se vident déjà de leurs clients en uniforme. Des camions de déménagement embarquent leurs bagages et des caisses de documents ou d'objets volés. Valérie m'accompagne parfois dans ces virées à travers la ville. Le 7 août, alors que nous remontons les Champs-Elysées à bicyclette, nous devons mettre pied à terre parce qu'un tonnerre de métal dévale à notre rencontre. Immédiatement accourus de toutes parts, des badauds se rangent sur le trottoir. Contournant l'Arc de Triomphe, un lent convoi militaire débouche dans l'avenue. Qu'est devenue la fameuse « discipline allemande » ? Devant nous, c'est un déferlement d'engins hétéroclites : voitures civiles, chenillettes, tanks, autos amphibies, camions harnachés de feuillages, ambulances cahotantes, side-cars zigzagants, et jusqu'à des charrettes tirées par des mules. Les hommes qu'on découvre dans ce défilé de véhicules cabossés et boueux ne ressemblent en rien à ceux qui naguère avaient si fière allure en se dirigeant vers la ligne de feu. Hébétés, exténués, ils offrent aux Parisiens goguenards le visage même de la défaite. Un autocar passe, bondé de femmes en uniforme gris. Sur le toit, s'amoncellent des valises, des cantines, des bicyclettes, des machines à coudre, des phonographes.

— Les souris déménagent ! lance un gamin.

Et aussitôt il détale à travers la foule.

L'autocar suivant transporte des infirmières aux blouses rayées et aux coiffes blanches. Puis vient une limousine garnie d'officiers rigides. Un petit canon porté ferme le cortège. Quelqu'un dit près de moi :

— Il faut aller les voir avenue de la Grande-Armée : ça vaut le détour !

J'échange un regard rieur avec Valérie et nous remontons sur nos bicyclettes. Avenue de la Grande-Armée, nous tombons sur un vaste bivouac sous les arbres. Des soldats allemands gisent là, pêle-mêle, écrasés de sommeil, dépoitraillés, la face cuite, les bottes d'un côté, le casque de l'autre, la mitraillette à portée de la main. Un désordre de capitulation. Nous restons un moment devant eux à nous repaître de leur déroute. Malgré moi, je songe à Hervé et à ses deux camarades : ils avaient le même visage de crasse et de fatigue quand ils sont venus coucher à la maison. Je n'ose le dire à Valérie. Elle ne comprendrait pas que je puisse comparer.

— A mon avis, dans une semaine au plus, nous serons libérés, murmure-t-elle.

— Qu'en pense Hervé ?

— Il est moins optimiste. Il suppose que les Américains vont contourner Paris pour ne pas se retarder dans leur avance.

— Et il est bien renseigné ?

— En général, oui, dit-elle pensivement. Mais il peut se tromper. Je suis sûre qu'il se trompe...

— Quand l'as-tu vu pour la dernière fois ?

— Avant-hier. Il est très occupé, tu sais, en ce moment...

C'est vrai : depuis quelque temps, Valérie m'appartient davantage. Je bénis les mystérieuses besognes d'Hervé qui le détournent d'elle provisoirement. Au fond de moi, je souhaite qu'il soit de plus en plus engagé dans la lutte. Ainsi du moins nous débarrasse-t-il de sa présence. Je me dis avec angoisse qu'après la libération ma sœur sera toute à lui. Ne m'a-t-elle pas annoncé elle-même naguère qu'elle comptait épouser Hervé une fois la paix revenue? Vite, je balaie cette idée de mon cerveau. Tout est incertain dans notre vie. Il ne faut pas regarder au loin, mais à ses pieds. Un pas et encore un pas. Demain est imprévisible. Le bonheur du monde peut tenir en une minute. Je pose ma main sur le guidon de la bicyclette de Valérie. Nos doigts se touchent. Elle me sourit.

— Bientôt, bientôt ! dit-elle.

Nous sommes interrompus par un cycliste qui arrive de la porte Maillot et nous crie :

— Ne restez pas là. Il y a une patrouille qui remonte l'avenue. Les Fridolins piquent toutes les bicyclettes !

Nous rebroussons chemin à grands coups de pédales. J'admire, à côté de moi, la silhouette svelte de Valérie. Elle porte une blouse légère, à travers laquelle je devine la courbe pulpeuse de ses seins. Sa jupe, très large, se déploie dans le mouvement de la course. Elle ne roule pas, elle vole. Nous rentrons à la maison et enchaînons nos bicyclettes dans le vestibule, sous l'escalier.

Toute la soirée, Valérie attend des nouvelles d'Hervé. Elle ne peut l'appeler elle-même : il n'a pas le téléphone dans sa nouvelle chambre. A dix heures enfin, une sonnerie. Valérie bondit sur l'appareil. Je m'empare de l'écouteur. Déception : ce sont les parents. Tout va bien à Senlis. La ville est calme, le ravitaillement convenable, les amis sont charmants. En reposant le combiné sur sa fourche, Valérie a les larmes aux yeux. Je souffre de sa tristesse. Nous nous couchons après avoir absorbé notre dose habituelle d'informations sur Radio-Paris et Radio-Londres.

Le matin, Valérie s'avise que nous n'avons plus rien à manger et sort pour tâcher de trouver un peu de ravitaillement au marché noir. Elle connaît déjà quelques boutiquiers compréhensifs dans le quartier. Son épicier lui a même promis une boîte de conserve de bœuf à quatre cents francs. Elle pense être de retour dans une heure tout au plus. Bien qu'Hervé ne téléphone jamais avant midi, je reste à la maison pour prendre un éventuel message de sa part.

Valérie n'est pas partie depuis dix minutes qu'on sonne à la porte. J'ouvre et me trouve en face de deux hommes jeunes, correctement vêtus, le chapeau sur la tête. L'un est grand, moustachu, bien baraqué, l'autre petit, pâlot, maigrichon, le regard noyé derrière des lunettes à monture d'écaille.

— Nous sommes des amis d'Hervé Romieux, dit le plus petit. Nous avons absolument besoin de lui parler. C'est bien chez vous qu'il loge ?

Cueilli à froid, je balbutie

— Absolument pas !

— Mais vous l'avez vu ces derniers temps ?

J'hésite à répondre. N'est-ce pas un piège ? Pourtant ces deux hommes paisibles et souriants m'inspirent plutôt confiance. D'ailleurs, je ne sais pas mentir. Mon trouble doit se lire sur mon visage.

— Oui, dis-je.

— Alors vous savez où il habite ?

C'est le grand qui vient de poser la question. Instantanément, je me rétracte :

— Non.

— Tu en es bien sûr ?

Ce tutoiement soudain me secoue. Tout à coup, je me découvre en rase campagne devant des ennemis. Un froid glacial me pénètre. Je respire mal. Comme je garde le silence, le costaud reprend :

— Nous te connaissons bien. Tu sais que, si nous signalons ton cas à la Kommandantur, tu es bon pour le S.T.O. Mais nous ne sommes pas méchants. Donne-nous l'adresse d'Hervé Romieux et nous vous laisserons tranquilles, ta sœur et toi. Car il y a ta sœur aussi, dans l'affaire, ne l'oublie pas. Elle a hébergé Romieux. Elle est sa maîtresse. Tout se sait dans le quartier. Allons, parle ou nous vous embarquons, elle et toi...

Sa voix est devenue menaçante. Il me cloue d'un regard noir. Je suis stupéfait que des Français se livrent ainsi à la chasse aux patriotes. Sans doute sont-ils affiliés à la redoutable Milice. Pour gagner du temps, je murmure, comme dans les films :

— Vous avez un mandat ?

— On a tous les mandats, mon coco. Allez, ouste ! Mets-toi à table. Où crèche-t-il, Romieux ?

Terrorisé, j'imagine ce qui nous attend, Valérie et moi, si je continue à me taire. La prison, l'usine ou, pis, le camp de concentration. Tout plutôt que cette plongée en enfer. Hervé, je m'en fous ! Au bord de l'évanouissement, je lutte encore contre l'envie de tout déballer. Je bredouille :

— Je vous assure... Je n'ai pas l'adresse exacte...

— Dis-nous toujours ce que tu sais.

Brusquement, comme si le sol se dérobait sous mes pieds, j'éprouve la sensation de tomber dans le vide. Une voix qui n'est pas la mienne sort de ma bouche. Je m'entends dire :

— C'est rue de la Glacière... Chez Delbecq... Au-dessus d'un garage désaffecté...

Devant moi, les deux hommes ricanent.

— Eh bien, voilà, dit le malingre, tu vois que tu t'en es souvenu ! Si tu nous as trompés, nous reviendrons !

Ils s'en vont et je reste là, debout devant la porte, malade de faiblesse, de colère, de dégoût. La notion de ma culpabilité m'écrase. Et cependant je persiste à croire que je ne pouvais agir autrement. Le risque était trop gros, pour Valérie et pour moi, si je refusais de parler. J'ai préféré nous sauver plutôt que de sauver Hervé. Est-ce un crime ? D'ailleurs peut-être, malgré mes indications, ne trouveront-ils pas Hervé ? Et, s'ils le trouvent, peut-être le relâcheront-ils après un simple interrogatoire ? J'essaie de m'en convaincre pour apaiser ma conscience. Mais le remords continue à me ronger. Soudain je me dis que, sans le vouloir, je me suis, de la sorte, débarrassé d'Hervé. Cette idée me transperce. Je voudrais l'arracher. Malgré mes efforts, elle reste plantée dans ma chair. Avec effroi, je songe que Valérie doit revenir d'une minute à l'autre. De quel air vais-je la recevoir ? Aussitôt je décide de lui laisser ignorer la visite des deux hommes. Si je lui disais tout, elle ne me pardonnerait pas d'avoir trahi Hervé. Sans doute, dans son aveuglement, aurait-elle mieux aimé que je garde le secret, quitte à être expédié en Allemagne. Oui, oui, il faut à tout prix cacher la vérité à ma sœur, dans son intérêt comme dans le mien. A supposer qu'Hervé soit arrêté, elle ne saura jamais que c'est par ma faute. Mais peut-on vivre heureux avec un tel secret dans le cœur ? La clef dans la serrure. Plus mort que vif, je vois paraître une Valérie rayonnante :

— J'ai eu ce que je voulais ! s'écrie-t-elle dès le seuil.

Et elle brandit une boîte en fer-blanc, sans étiquette. Je feins l'émerveillement, la gourmandise, alors que j'ai envie de pleurer.

— Personne n'a téléphoné ? demande-t-elle.

— Personne.

Elle se rembrunit :

— J'aimerais quand même bien avoir des nouvelles d'Hervé !

— Oui, c'est bizarre ! dis-je avec un faux air de préoccupation. Mais, tu sais, il doit être par monts et par vaux...

— Tout de même, s'il ne donne pas signe de vie dans deux jours, je passerai rue de la Glacière pour en avoir le cœur net...

— Ne t'a-t-il pas recommandé de n'y aller sous aucun prétexte ?

— Si.

— Alors, tu vois... Il faut attendre... Tout s arrangera...

Je profère ces phrases lénifiantes avec répugnance. Comme si je vomissais devant ma sœur. Mais je dois m'habituer à jouer la comédie. Désormais toute ma vie sera mensonge. Elle passe dans la cuisine. J'ouvre la boîte de conserve et en extrais des morceaux de viande cuite, enrobés d'une gelée brunâtre.

Elle met le bœuf à réchauffer dans une poêle. Le gaz est à bout de souffle. Sa flamme palpite, près de s'éteindre. Enfin nous nous attablons. Je n'ai pas faim. L'estomac noué, je regarde Valérie qui mange avec appétit. Je l'envie de ne rien savoir encore. En même temps, je la plains. Et je me déteste. La fourchette hésitante, je déchiquette cette bidoche filandreuse.

— Comment trouves-tu? demande Valérie.

Je m'oblige à sourire et il me semble que ma figure craque sous l'effort :

— Fameux !

— Il faudra en garder pour Hervé, dit-elle.

Ils ont arrêté Hervé. François nous l'apprend par téléphone d'une voix haletante. Je reçois le choc comme s'il s'agissait de ma propre condamnation. J'ai envie de crier : c'est ma faute ! Mais je me tais, l'écouteur collé contre l'oreille, le front en sueur, le cœur lourd. En raccrochant le combiné, Valérie a un visage de veuve. Pâle, le regard dilaté, elle murmure :

— C'était fatal !

Et elle se laisse tomber, brisée, sur une chaise. Je pose une main sur son épaule. Sous mes doigts, je sens, à travers le tissu, son ossature fragile.

— Il s'en tirera, dis-je faiblement, c'est bientôt la fin de la guerre...

Elle secoue la tête :

— Non, Vincent ! Il est trop compromis ! Ils vont le torturer ! Ils vont le tuer !

Sa voix est rauque. Elle porte les deux poings devant sa bouche comme pour retenir un cri. Tout son buste se soulève dans une sorte de hoquet, puis s'affaisse. J'ai devant moi une bête blessée à mort.

— Mais comment est-ce arrivé ? reprend-elle. Qui l'a dénoncé ?

Vite, je détourne la conversation :

— Et toi, crois-tu que tu ne risques rien ? Ils arriveront à le faire parler. Ils remonteront jusqu'à toi...

Elle fait front avec rage :

— Ça m'est bien égal ! Puisque Hervé est entre leurs mains, ils n'ont qu'à me ramasser, moi aussi !

Sa folie amoureuse m'épouvante. Je tombe à ses genoux :

— Non, je t'en supplie, Valérie, ne fais pas d'imprudence ! J'ai besoin de toi ! Je ne peux pas vivre sans toi !

Assise sur sa chaise, le dos droit, les yeux secs, elle me caresse les cheveux. Mais c'est à l'autre qu'elle pense. Le fait qu'elle ignore tout de ma lâcheté attise mon remords.

— Hervé lui-même ne voudrait pas que tu te laisses prendre, dis-je encore. Si tu l'aimes, tu dois te cacher. Allons nous réfugier à Senlis !

Elle se lève et m'oblige à me lever, moi aussi. Sa figure se ferme dans une expression déterminée et farouche. Et ce calme, soudain, me paraît plus effrayant que le désordre de tout à l'heure.

— Non, Vincent, dit-elle. Vas-y, toi. Moi, je reste.

— Mais pourquoi ?

— Il faut que je sache où se trouve Hervé. Il faut que j'essaie de le tirer de là.

— C'est absurde ! Tu cours au désastre ! Renonce, je t'en prie ! Fais-le pour moi !

— Ne me demande pas ça, Vincent ! Tu ne comprends pas ce qu'Hervé représente pour moi ! Tant qu'il nous reste une chance, je dois tout tenter pour le sauver, tout, tu m'entends, tout !...

A ces mots, une idée me traverse en flèche :

— Constance pourrait peut-être s'adresser au général von Koch pour faire libérer Hervé...

La surprise, puis l'espoir éclairent le regard de Valérie.

— Mais oui ! s'écrie-t-elle. Tu as raison !

— Il est deux heures : appelle-la tout de suite. Elle est sûrement là.

Immédiatement, elle téléphone à Senlis. Dès les premiers mots, Constance l'arrête. Elle ne veut pas se compromettre, dans les circonstances actuelles, en intervenant à la Kommandantur. D'ailleurs, le général von Koch a déjà quitté Paris. Et les autres officiers allemands qu'elle connaît sont eux-mêmes sur le départ. Je tiens l'écouteur. La voix de ma belle-mère est tranchante :

— Les Allemands ont été très patients avec ces messieurs les poseurs de bombes et les déboulonneurs de rails ! La plupart des résistants n'ont que ce qu'ils méritent ! Qu'est-il pour toi, ce type que tu tiens tant à faire libérer ?

— Un ami..., un ami très cher, dit Valérie avec une fierté rageuse.

— Je vois, je vois... Eh bien, une autre fois tu choisiras mieux tes « amis très chers »... On ne gagne rien à fréquenter des terroristes... Comment va Vincent ?

— Nous allons très bien, tous les deux.

— Le ravitaillement ?

— On s'arrange.

— Et vous ne voulez toujours pas nous rejoindre à Senlis ?

— Non.

— Tant pis. Votre père est sorti pour faire

sa promenade habituelle. Je lui dirai que vous avez téléphoné.

Elle coupe la communication. Je grogne :

— La salope !

— Oui, dit Valérie. Ça t'étonne ? Elle devine dans quel état je suis, mais elle ne lèvera pas le petit doigt pour m'aider ! Et notre père qui va faire sa balade de digestion alors que le pays est à feu et à sang ! Ils mériteraient tous les deux..., ils mériteraient d'être à la place d'Hervé... Qu'on les emprisonne !... Qu'on leur fasse payer leurs sales combines !...

Je la prends dans mes bras. Nous restons un long moment silencieux, elle toute à son désespoir et moi tout à ma honte, à mon incapacité, à ma tendresse. Puis elle se dégage et se dirige vers la porte. Je m'écrie :

— Où vas-tu ?

— Voir François.

— Ça t'avancera à quoi de le rencontrer ?

— Il me donnera des détails.

— Je t'accompagne...

— Surtout pas. Reste ici. Attends-moi. Ce ne sera pas long...

Je la laisse partir et demeure sur place, indécis, hébété. Mon seul espoir, à présent, est que Valérie accepte, peu à peu, son chagrin, qu'elle se console en pensant qu'une victoire prochaine lui rendra Hervé, qu'elle retrouve auprès de moi, même dans la tristesse, même dans l'angoisse, les douces habitudes d'autrefois. Au bout d'un instant, excédé de solitude, je sors à mon tour.

Le spectacle de la rue me distrait un peu de mon obsession. Je regarde alentour avec l'envie de me convaincre que tout ce que je vois présage la fin heureuse de notre cauchemar. L'exode des Allemands s'accélère. Venus du front, des convois militaires de plus en plus nombreux, de plus en plus endommagés roulent avec fracas dans les rues, les grands hôtels vomissent leurs occupants qui grimpent dans des autocars, la mine déconfite, le vent pousse sur le trottoir ces rubans de papier argenté dont on dit qu'ils sont lâchés par les avions alliés pour empêcher les radars de détecter leur passage, des cyclistes, attelés à de lourdes remorques, mettent pied à terre, çà et là, aux carrefours, pour vendre des légumes et des fruits à la sauvette, un groupe se forme devant un monsieur apparemment bien informé qui jure que les Américains approchent de Versailles et que les cheminots viennent de se mettre en grève. Tous les visages, autour de lui, sont graves et heureux. La ville entière attend, avec un espoir fou, la délivrance. Pour la première fois, cette allégresse patriotique me touche. A cause de Valérie, à cause d'Hervé. Je rentre à la maison, enrichi de la joie des autres.

Jusqu'au soir, je tourne en rond dans le studio comme un ours en cage. Impossible de penser à rien d'autre qu'à la rencontre de Valérie avec les amis d'Hervé. Ne vont-ils pas la renseigner sur ma responsabilité dans l'affaire ? Mais comment sauraient-ils que c'est moi qui ai donné l'adresse ? Non, non, j'ai tort de m'inquiéter. Tout se passera bien. Je peux dormir tranquille, avec ma trahison pour oreiller. A huit heures enfin, Valérie ouvre la porte. Je me précipite vers elle et me heurte à une femme livide, aux yeux rouges, aux lèvres serrées. Elle a perdu sa beauté, sa jeunesse. Sans un mot, elle se dirige vers le fond de la pièce et s'assied au bord du lit.

— Alors ? dis-je.

Elle relève la tête, me lance un regard de douleur animale et chuchote :

— Il a tenté de fuir. Ils l'ont abattu. C'est fini.

La pression de l'eau diminue. Le gaz est inexistant. L'électricité n'est rendue qu'à dix heures et demie du soir. Il paraît que le métro ne tardera pas à s'arrêter et que les policiers, à leur tour, vont se mettre en grève. Ces nouvelles me touchent à peine. Je suis uniquement attentif au comportement de Valérie. Elle s'est durcie dans le deuil. Son idée fixe à présent : retrouver le corps d'Hervé. Dans cette intention, elle prend tous les risques. Elle court des bureaux de la Milice à ceux de la Kommandantur. Elle se compromet. En vain. Personne ne sait ce qu'est devenu le cadavre. Sans doute a-t-il été jeté dans une fosse commune. Elle rencontre aussi, régulièrement, François et ses amis pour de mystérieux conciliabules. Si je la supplie d'être prudente, elle me répond avec un sourire triste : « A quoi bon maintenant ? » Mon impuissance à la guérir de son chagrin me désespère. Je me sens de plus en plus coupable de ne rien pouvoir pour elle. Le soir du 13 août, j'attends en vain son retour. Toute la nuit je veille, les yeux rivés à la porte. Le lendemain matin, François vient me voir. A mon premier regard sur lui, je sais déjà que tout est perdu. Stupide, l'épaule fléchie, la prunelle éteinte, il me parle à voix basse : Valérie a été arrêtée alors qu'elle transportait des brochures clandestines. Il croit savoir qu'elle a été immédiatement dirigée, avec un convoi de prisonniers, sur le camp de Compiègne. Mais la guerre finira bientôt. Valérie sera, dit-il, libérée par les Alliés avant d'avoir souffert. Les mêmes paroles d'apaisement que je prodiguais à Valérie après l'arrestation d'Hervé. Elles tombent à plat. Je ne vois qu'une chose : Valérie, si fine, si délicate, jetée dans la pourriture d'une chambrée, attelée aux tâches les plus viles, crevant de fatigue et de faim. Tout cela parce que je n'ai pas su tenir ma langue. Asphyxié de douleur, je m'effondre en travers du lit. François me quitte après m'avoir souhaité bon courage. Il me laisse une adresse où je pourrai le joindre en cas d'urgence. Mais je n'aurai sûrement pas besoin de lui. Ni de personne. Le monde s'est vidé d'un seul coup. Que Paris soit réduit en cendres ou délivré dans la joie, peu m'importe. Qu'ai-je à faire de la France? Je préférerais me réveiller allemand, mais avec Valérie à mes côtés.

Soudain, une illumination : je me précipite sur le téléphone et appelle mes parents. C'est mon père qui décroche. Il pleure en apprenant l'arrestation de Valérie. Je l'entends hoqueter à l'autre bout du fil. Profitant de son émotion, je le supplie d'intervenir auprès des Boches pour retrouver la trace de ma sœur. Eux seuls, dis-je, peuvent la sauver. Il en convient, mais il est incapable de décider quoi que ce soit par lui-même. Entre deux sanglots, il bafouille ·

— Je te passe Constance...

Ma belle-mère prend l'appareil. Elle est la sagesse, le sang-froid, l'autorité. A mes prières réitérées, elle répond que la désorganisation de l'armée allemande l'a privée de ses amis les plus influents. Avec la meilleure volonté du monde, elle ne peut rien entre prendre pour Valérie. Mais elle est convain cue que les Allemands la relâcheront très vite. Dans cette atmosphère de déroute, ils ne vont pas s'encombrer de prisonniers de la dernière heure.

— Faisons le gros dos et attendons ! dit-elle pour conclure. Tout finira par s'arranger !

Quant à moi, elle exige que je parte immédiatement pour Senlis. Comment ? A bicyclette, parbleu ! Cinquante kilomètres, ce n'est pas trop à mon âge. Heureusement, la route est encore dégagée. Je l'arrête par un cri :

— Non ! non ! Je ne bougerai pas ! S'ils la relâchent, si elle revient, il faut que je sois ici pour la recevoir !

Elle insiste, elle me raisonne, elle se fâche, et je lui tiens tête. Si ma sœur m'entendait, elle serait fière de moi. Cette idée me donne l'audace de résister jusqu'au bout à la voix impérative de Constance. Pour couper court à la discussion, je lui raccroche même au nez. En vérité, je ne sais trop ce que j'ai gagné par mon refus. Que vais-je faire à Paris, sans Valérie ? Subitement une résolution me secoue. Je prends le cahier où j'ai recopié mes vers, déchire les pages en menus morceaux et brûle le tout dans la cheminée. C'est ma punition. Il me semble confusément que je me rachète en sacrifiant ces humbles poésies auxquelles je tenais tant avant le drame. Elles n'ont plus de raison d'être aujourd'hui. Devant les cendres où crépitent encore des étincelles, mes yeux se brouillent de larmes. Je m'apitoie sur moi-même. Je voudrais me tuer. Mais je sais que je n'en aurai jamais le courage. A bout de force, je vais dans la salle de bains et regarde les bas de soie de Valérie qui pendent sur une ficelle tendue entre deux pitons. Tout ce qui me reste d'elle. Les sanglots me suffoquent. Je bois un verre d'eau pour me calmer. C'est l'heure de Radio-Londres. Il ne me vient pas à l'idée de l'écouter. A minuit, je me couche, tout habillé, sur le lit de Valérie.

Toujours rien au sujet de Valérie. Je vis comme un somnambule, je ne me lave plus, je mange un quignon de pain quand la faim me tenaille. Peut-être vont-ils me cravater, moi aussi ? Ils ne font pas le détail, à la Milice. Ils raflent tout ce qui leur paraît suspect. Des familles entières. Evidemment, je pourrais fuir, me cacher... A Senlis ou ailleurs... Je m'y refuse. Mon devoir est de rester ici, quoi qu'il arrive. Je souhaite presque qu'on m'arrête à mon tour. Pour partager le sort de Valérie. Pour me racheter. Pour en finir une bonne fois avec l'incertitude, avec l'angoisse... A peine ai-je formulé ce vœu que la panique me laboure le ventre. Tout mais pas ça ! Je tiens trop à ma peau, à mon confort...

Les jours défilent et je me rassure peu à

peu. Personne ne vient me dénicher dans mon trou. M'ont-ils oublié ? Ne suis-je pour eux qu'une quantité négligeable ? Oui, c'est ça, ma nullité me sauve. Comme d'habitude, le petit frère ne compte pas. Avec un brin de chance, je passerai au travers des dangers de la guerre et de l'occupation sans une égratignure, alors que Valérie paie pour moi, paie pour nous tous. Aurait-elle commis cette imprudence si Hervé était encore parmi nous ? En révélant l'adresse d'Hervé, j'ai condamné ma sœur à un héroïsme funèbre. Et je suis là, spectateur impuissant d'un cataclysme qui me dépasse. Je me laisse porter par les événements. Mille signes annoncent la fin du règne allemand sur la France. Aujourd'hui on a coupé le gaz. Des employés sont venus plomber les compteurs Les commissariats de police ont fermé leurs portes. Dans l'entrée de l'immeuble, une affichette indique le centre de ravitaillement où les locataires pourront toucher des vivres. Les journaux de la collaboration ont cessé de paraître. A la radio, les Anglais annoncent la prise de Chartres, de Dreux, de Châteaudun, d'Orléans, de Calais... Au sud, les Alliés, débarqués en Provence, ont avancé de trente kilomètres. Toute la nuit du 17 au 18 août, on entend un roulement de voitures. Les Alle mands achèvent d'évacuer la ville. Il ne reste plus sur place, dit-on, que deux régiments S.S.

Il fait un temps radieux. Je sors prendre l'air. Les rues débordent de badauds aux mines épanouies. Leur jubilation me dégoûte. Il n'y a pas une table libre aux terrasses des cafés. Des concierges sont assis en brochettes devant leurs portes. Au mur d'un bureau de poste, avenue Niel, je remarque un avis polycopié informant la population que les P.T.T. seront en grève jusqu'à l'arrivée des « libérateurs ». Ailleurs, s'étale un placard orné de deux drapeaux tricolores entrecroisés : « Gouvernement provisoire de la République française. Les Alliés sont aux portes de Paris. Formez-vous par groupes de cinq... Attendez les ordres, soit par affiches, soit par radio, pour agir. Les combats auront lieu par arrondissement. » Un autre placard, signé des « Elus communistes », appelle « le peuple de Paris et de la grande banlieue à l'insurrection libératrice ». Les deux feuilles sont encore humides de colle. Un attroupement se forme pour les lire. Des gens qui ne se connaissent pas discutent entre eux de la meilleure façon de confectionner des drapeaux français pour saluer la délivrance de la ville.

— Il faut pavoiser ! Il faut pavoiser ! répète une dame rondelette, un cabas vide pendu au bras.

Au même instant, un side-car débouche de la rue Laugier. Il est conduit par un jeune milicien en chemise et béret bleus, un baudrier noir en travers de la poitrine. Son camarade, assis à l'intérieur de la nacelle, crie dans un porte-voix : « Par ordre des autorités d'occupation, le couvre-feu est fixé à neuf heures du soir. Le commandant militaire de Paris prévient la population que les patrouilles tireront à vue, sans sommation, sur toute personne qui circulera au-delà de cette heure limite. » Le side-car s'éloigne et les gens sourient. Comme Valérie aurait été heureuse de vivre ces heures de fièvre ! Sans elle, je ne puis leur trouver aucun goût. Insensible à tout ce qui m'entoure, je rentre chez moi pour dormir. La nuit, on entend des rafales de mitraillette, auxquelles répondent des coups de feu isolés. Puis une explosion. Sans doute un dépôt d'essence qui vient de sauter.

Fénardieu me téléphone. Il demande à me voir Je n'en ai nulle envie et invente un mauvais prétexte pour éviter tout rendez-vous. Au vrai, cet ami fidèle ne fait plus partie du cercle de mes préoccupations. Ma tristesse me retranche du monde. Je veux rester seul avec mon désespoir pour le savourer à ma guise. Je ne dis même pas à Fénardieu que Valérie a été arrêtée. Je voudrais me débarrasser de tout ce qui me rappelle mes rêves d'adolescent. Il m'apprend que la Préfecture de police a été occupée par des policiers résistants, que l'Hôtel de Ville est assiégé, que la mairie du XVIIe arrondissement a été prise d'assaut, que partout, dans Paris, les F.F.I. [1] dressent des barricades et harcèlent les troupes allemandes. Plus il me donne de détails, plus je sens que ce glorieux charivari ne me concerne pas. En raccrochant, je décide de ne pas sortir. Mais je me poste à la fenêtre. A six heures du soir, une voiture de la Préfecture de police, munie d'un haut-parleur, s'arrête à l'angle de l'avenue Niel et de la rue Pierre-Demours pour diffuser son message : « En raison de la promesse faite par le commande-

1. Ainsi appelait-on les membres des Forces françaises de l'intérieur, sous l'occupation allemande.

ment allemand de ne pas attaquer les édifices publics occupés par les troupes françaises et de traiter tous les Français prisonniers conformément aux lois de la guerre, le Gouvernement provisoire de la République française et le Conseil national de la Résistance vous demandent de suspendre le feu contre l'occupant jusqu'à l'évacuation promise de Paris. » En contrebas, un hurlement de triomphe répond à ces paroles. De tous côtés, des gens jaillissent de leurs maisons, battent des mains, s'embrassent :

— C'est l'armistice ! C'est l'armistice !

Instantanément, des drapeaux tricolores apparaissent aux fenêtres. De misérables étamines, des chiffons de papiers peints. On les fixe avec des ficelles, on les déploie, on se groupe en famille sous leur protection, avec des visages de fête. Cela me semble si ridicule que je rentre dans ma tanière. D'ailleurs, peu de temps après, une Citroën noire, marquée des lettres blanches F.F.I., s'engage dans la rue. De nouveau, un haut-parleur braille à tous les échos : « Les Allemands ont rompu la trêve. Les combats reprennent. Ne stationnez pas dans les rues. Retirez vos drapeaux des fenêtres. » L'effet est immédiat. Toutes les croisées de la ville ravalent leurs drapeaux, tous les trottoirs se vident, toutes les portes se referment.

Le surlendemain, en me rendant place Pereire, chez la concierge qui me ravitaille tant bien que mal et m'estampe à chaque visite, je tombe sur une cohue de gens qui assiègent des vendeurs de journaux de la Résistance : *Ce soir, Le Front national*... On les vend enfin au grand jour. Des titres gras en manchettes : « Tout Paris aux barricades... » « Battez-vous comme des lions... » Dans le kiosque voisin, démantelé, s'amoncellent encore des exemplaires du *Pilori* et de *Signal*. J'apprends, au hasard des conversations, que les Allemands occupent les gares et que les combats les plus importants se déroulent autour du Sénat et de la Concorde. Encore un jour ou deux, et les troupes américaines viendront prêter main-forte aux F.F.I. A cette idée, un espoir insensé me ranime. L'arrivée des Alliés, c'est la chance, pour Valérie, d'être sauvée in extremis. Je me fous qu'ils libèrent Paris, ce qu'il faut, c'est qu'ils aillent au-delà, et vite, jusqu'à Compiègne, qu'ils ouvrent les portes du camp, qu'ils retrouvent ma sœur, qu'ils me la rendent vivante. Pourquoi piétinent-ils autour de Versailles au lieu d'accélérer leur marche ?

Chaque heure qui passe est une épreuve supplémentaire pour Valérie. Si les libérateurs tardent trop, le pire est à craindre. Et ici, on joue à l'insurrection. Place Pereire, des ouvriers municipaux, armés de longues cognées de bûcheron, abattent les arbres pour obstruer les avenues. En voyant s'effondrer devant moi un de ces géants au feuillage majestueux, j'éprouve un irrésistible sentiment de gâchis. A peine est-il à terre que des femmes se précipitent pour ramasser les branches cassées et les copeaux. Les ouvriers traînent les troncs sur la chaussée et improvisent des barricades. Arbres, pavés, caisses, sacs de sable, grillage, tout leur est bon. Des badauds pacifiques les aident dans leur besogne. Le quartier s'amuse.

Un tank allemand s'engage dans la rue de Courcelles. Il s'avance avec une redoutable lenteur, le canon pointé vers l'obstacle qui lui barre la route. La foule se disperse comme une bande de moineaux. Une détonation énorme. Les vitres d'alentour volent en éclats. Soudain, c'est un cri de joie sauvage. Un commando de F.F.I. a attaqué le tank par-derrière et l'a incendié en lançant une bouteille pleine d'un mélange inflammable. Un brasier rougeoie entre les maisons. L'air chaud sent la tôle brûlée. Une silhouette s'échappe du blindé. L'homme est aussitôt abattu par une rafale de mitraillette. Il paraît que les autres occupants ont grillé à l'intérieur de la carcasse. Des femmes applaudissent. Comme je ne mange presque rien, j'ai souvent des tiraillements d'estomac, des nausées, des vertiges. Au milieu de la foule, j'ai subitement l'impression que je vais m'évanouir. Je m'adosse à un mur et ferme les yeux. Quand cela va mieux, je m'éloigne. Je n'ai pas vomi devant tout le monde. C'est l'essentiel.

Le lendemain, 24 août, il pleut à verse. On entend au loin le canon. Les Alliés approchent-ils ? Je me ronge d'impatience en songeant à Valérie qui, elle aussi, dans son camp, doit compter les jours. Pour tromper mon attente, je lis le livre qu'Hervé m'a prêté autrefois : l'*Anthologie des poètes français contemporains*. Je pense à lui et mon cœur se crispe douloureusement d'amitié, de honte et de repentir. Sa mort pèse lourd sur ma conscience. Pour me justifier à mes propres yeux, je me dis que je ne pouvais pas agir autrement, que, de toute façon, il était trop engagé dans la lutte pour ne pas se faire cueillir, tôt ou tard, par la Milice. Je me plonge dans un poème de Verhaeren. Cela me redonne envie d'écrire. Mais je m'en tiens à mon serment. Plus une ligne. Du moins jusqu'au retour de Valérie. Car elle reviendra. A présent que la guerre tire à sa fin, je veux me persuader que je la reverrai saine et sauve.

A dix heures et demie, l'électricité est rendue. J'ouvre la radio à tout hasard. Une voix étouffée, sifflante sort de la caisse en bois verni : « Ici, Radiodiffusion de la Nation française. Les blindés du général Leclerc ont fait leur entrée dans Paris... Messieurs les curés sont priés de faire sonner les cloches de leurs églises. » N'est-ce pas encore une fausse nouvelle ? Je me penche à la fenêtre. Une nuit noire, chaude, étoilée. Personne dans la rue. De temps à autre retentit, bête et lourd, un coup de canon. Ce calme, cette obscurité renforcent mon doute. Les blindés de Leclerc sont encore loin. S'ils se font attendre, les F.F.I., accrochés à leurs misérables barricades, seront anéantis par un ennemi mieux équipé et mieux organisé. Les Allemands vont sûrement envoyer des renforts. Comme à Varsovie, les résistants se sont soulevés trop tôt. Et tous ces combats n'auront servi qu'à retarder la libération de la France, la libération de Valérie. Soudain une fusée monte en chuintant dans le ciel, puis une autre. Des bouquets bleus, blancs, rouges explosent au firmament. Un halo d'incendie palpite du côté de Colombes. Et voici qu'une vibration métallique assourdie ébranle le silence. La cloche d'une ville engloutie. D'autres cloches lui répondent. Le carillon gagne tout Paris. Des croisées s'allument cà et là. Quelques ombres chinoises s'agitent dans des intérieurs en miniature, faiblement éclairés. Une voix hurle : « Vive la France ! » Audessus de moi, un voisin tape sur son piano *La Marseillaise.* Ensuite viennent le *God save the King* et l'hymne américain. Je voudrais partager cet enthousiasme. Mais je suis trop anxieux de la suite. Tout cela ne signifiera rien pour moi tant que je n'aurai pas retrouvé Valérie. Je ferme la fenêtre, je me bouche les oreilles et je pleure, étouffé par un mélange de joie et d'angoisse, d'agacement et d'espoir.

Coups de canon et rafales de mitraillette, on se bat encore dans Paris. Et cependant toute la ville est en liesse. Je n'ai pas jugé bon de pavoiser nos fenêtres. D'abord parce que je n'ai pas de drapeaux. Ensuite parce que cette fête me paraît prématurée. Je m'apprête à sortir lorsqu'on sonne à ma porte. C'est Fénardieu. Passant dans le quartier, il est monté, à tout hasard, et m'invite à le suivre dans sa promenade de joie. Moi qui naguère encore fuyais sa compagnie, je suis heureux soudain de me retrouver devant un visage amical. D'emblée, je lui raconte mon désarroi depuis l'arrestation de Valérie. Il compatit gravement mais prétend, comme François, qu'elle sera délivrée dans les tout prochains jours par l'avance fulgurante des troupes alliées. Cette affirmation catégorique me revigore. J'ai tellement besoin d'être rassuré ! Il me semble que tout me sera pardonné si Valérie revient parmi nous. Elle est vivante, vivante, je le sais, je le sens !

Il est deux heures de l'après-midi. Fénardieu m'entraîne. Dehors, j'ai un étourdissement. Le ciel est d'un bleu cru. Le soleil tape dur. Il fait chaud et sec. Les rues sont envahies de badauds aux faces hilares. Çà et là, un attroupement se forme autour d'un soldat français à l'uniforme kaki. Une fille passe, habillée en Alsacienne. On l'acclame. Elle sourit. Nous remontons jusqu'à l'Etoile. Là, nous tombons en pleine cohue. Une gigantesque bannière tricolore pend sous la voûte de l'Arc de Triomphe et ondule dans le vent. Des tanks monstrueux stationnent, enlisés dans la foule. Leurs flancs portent des noms de provinces françaises. Juchés sur ces mastodontes d'acier, des soldats hâlés, rieurs, dominent la marée humaine. Miracle : ils parlent français. On les interpelle, on leur jette des fleurs. Des femmes surexcitées se hissent jusqu'à eux et les embrassent à bouche que veux-tu. Chacune tient à se frotter le nez contre un de ces héros venus de si loin. Seraient-ils tombés de la lune qu'ils ne paraîtraient pas plus insolites à tous ces

Parisiens affamés et humiliés par quatre ans d'occupation. Les libérateurs distribuent des cigarettes et des chewing-gums. Des gens hurlent : « Bravo ! Merci d'être venus ! Vive la France ! » Quelques jeeps zigzaguent parmi eux, tournent court, repartent, avec une agilité et une légèreté de jouets mécaniques.

Bousculés, étouffés, nous refluons par l'avenue de Wagram vers l'avenue des Ternes. Devant l'entrée du métro, des cadavres de soldats allemands gisent dans des flaques de sang, sur la chaussée. Ils sont sept, recroquevillés, livides, les yeux ouverts, la mâchoire décrochée, assaillis de mouches. On leur a volé leurs bottes. Les passants défilent devant eux avec une froide curiosité. On dirait qu'ils reluquent des rats crevés au débouché d'un égout. J'interroge un témoin qui porte fièrement le brassard des F.F.I. Il paraît que les Allemands ont été faits prisonniers dans la station de métro où ils s'étaient réfugiés et qu'en sortant le sous-officier qui les commandait a lancé une grenade pour se dégager. Immédiatement, une rafale de mitraillette les a tous fauchés sur place. Je songe à Hervé qui a dû être abattu de la même façon expéditive et laissé là, sanglant, défiguré, jusqu'à ce que son corps se transforme en charogne anonyme. Tandis que j'observe les cadavres, des femmes, des enfants s'en approchent aussi. Nulle émotion sur les visages. La guerre les a tous durcis. Pas moi. J'ai le cœur sur les lèvres. Je murmure :

— C'est affreux !

— J'en ai vu d'autres ! dit Fénardieu.

Et il me raconte qu'il s'est battu, la veille, sur une barricade, boulevard Saint-Michel. Quelqu'un lui avait refilé un vieux flingue. Il a dû le rendre avant de quitter son poste.

— Mais j'ai gardé ça ! dit-il.

Et il tire de sa poche un brassard des F.F.I. Je demande :

— Pourquoi ne le mets-tu pas ?

— Je n'en ai pas fait assez pour mériter de le porter, répond-il. Il y en a tellement qui étaient collabos hier et qui aujourd'hui se proclament résistants ! C'est dégueulasse !

Je pense à mon père et à Constance. Ont-ils déjà retourné leur veste ? Je connais trop leur sens de l'opportunité pour ne pas les imaginer chantant les mérites du général de Gaulle. Peut-être même se servent-ils de l'arrestation de Valérie pour affirmer leur attachement à la cause des Alliés. Je ne vaux pas mieux qu'eux. Fasciné par le spectacle de ces corps ensanglantés à mes pieds, ce n'est pas la haine de l'occupant qui m'anime mais le sentiment d'une monumentale et tragique absurdité. Une mère dit à sa fille d'une huitaine d'années qu'elle tient par la main :

— Viens ! On va voir s'il y en a d'autres par là.

Et elle l'emmène. La mort est un spectacle. Toute compassion est suspecte. Œil pour œil, dent pour dent. C'est le règne de la vengeance. Je regarde Fénardieu. Il hoche la tête.

— Ils auraient tout de même pu enlever les corps ! dis-je.

— Ils ont autre chose à faire, réplique-t-il. Les gens sont tous dehors à baguenauder, mais les combats continuent.

Nous descendons par l'avenue de Wagram et la rue de Courcelles jusqu'à la place Pereire. Là aussi, grand concours de monde. On attend les Petits Chanteurs à la croix de bois qui sont logés tout à côté, rue Eugène-Flachat, et doivent donner un récital patriotique en plein air. A peine sont-ils arrivés que des coups de feu éclatent. La fusillade part des toits. Sans doute des miliciens sont-ils embusqués là-haut. La panique s'empare de la population naguère encore exultante. Les uns détalent, le dos rond, les coudes au corps, d'autres se jettent à terre. Je me retrouve couché à plat ventre sur le trottoir, à côté de Fénardieu. L'odeur de Paris m'entre dans la tête. Ça sent l'asphalte, la poussière, les épluchures pourries. Quelques F.F.I. ripostent au jugé. Des jeeps surgissent, chargées de soldats qui, eux aussi, tirent en l'air. Ça canarde de tous les côtés. Peu à peu, la place se vide. Ceux qui étaient venus pour entendre *La Marseillaise* s'esquivent en rasant les murs. Fénardieu et moi profitons d'une accalmie dans la pétarade pour décamper à notre tour.

Il me raccompagne jusqu'à la maison. Nous prenons la radio. Soudain l'annonce tant attendue : le général von Choltitz a remis la reddition de ses troupes au colonel commandant les F.F.I. et au général Leclerc Fénardieu pousse un hurlement de joie. Nous nous embrassons. Je n'ai rien d'exceptionnel à boire pour fêter l'événement. Nous trinquons avec de la limonade. Puis nous parlons encore de Valérie. Fénardieu la trouve « fantastique ». J'approuve et même j'en remets. Chaque mot que je dis sur elle me fait du bien. Il me semble qu'en évoquant son souvenir je la maintiens vivante. Oui, oui, je la reverrai bientôt ! Fénardieu en est sûr. Il parle d'une semaine au plus. Je transige pour une dizaine de jours. Nous prenons rendez-vous pour le lendemain, samedi 26 août, à deux heures de l'après-midi. La radio a annoncé que de Gaulle devait aller s'incliner sur la tombe du Soldat inconnu. On prévoit un défilé formidable. C'est un événement à ne pas manquer. Mais quand libéreront-ils Compiègne ?

Le 26 août, à l'heure dite, Fénardieu sonne à ma porte. Il est accompagné de Mireille. Je l'envie d'avoir encore sa sœur auprès de lui. Elle est moins fadasse que d'habitude. Elle a mis du rouge à lèvres. Cela lui donne deux ans de plus. Comme hier, les rues sont noires de monde. Des drapeaux flottent à toutes les façades. Autour de la place de l'Etoile, la cohue est telle que nous renonçons à approcher. Jouant des coudes, nous descendons les Champs-Elysées dans l'espoir de nous pousser au premier rang de la foule. Peine perdue. Un rempart de dos nous interdit le passage. Toutes les fenêtres sont garnies de figures réjouies. Des spectateurs sont juchés dans les arbres, d'autres sont accrochés aux réverbères. On loue des échelles doubles. Quelques malins ajustent de petites glaces pour découvrir la chaussée. De cette masse humaine montent des cris, des rires, des appels stridents. Deux brancardiers aux casques blancs se fraient un chemin, portant sur leur civière une femme évanouie.

— On ne verra rien ! se lamente Mireille.

Fénardieu avise, au premier étage d'une maison, une large baie vitrée. Au-dessus, une enseigne : *Institut de beauté Dilecta.*

— On y va ! décide-t-il.

— Tu connais ? demande Mireille.

— Non. Mais ça ne fait rien !

Il sonne à la porte cochère. Le concierge nous arrête :

— Vous allez où ?

— A l'institut de beauté Dilecta. Nous sommes attendus.

Le concierge nous laisse passer. Décidément, Fénardieu a tous les culots. S'il avait été à ma place, il se serait arrangé pour ne pas donner l'adresse d'Hervé. Il aurait embobiné les types de la Milice. Hervé serait vivant. Et Valérie à nos côtés.

Dans les locaux de l'institut de beauté, une femme trop blonde, trop maquillée nous accueille. Fénardieu brandit devant elle son brassard F.F.I. Elle sourit — sans doute n'est-elle pas dupe — et nous conduit gentiment à la fenêtre.

— Un jour pareil, on ne peut rien refuser dit-elle.

Six personnes sont déjà groupées devant la baie. On nous fait une petite place. A nos pieds, un océan de têtes. Seule une haie d'agents de police et d'infirmiers en blouse blanche contient la poussée brutale de la multitude. Sur la chaussée, défilent pêle-mêle des F.F.I. en armes, des postiers, des cheminots. Tout cela est désordonné, absurde, ridicule et bon-enfant. Pancartes et drapeaux, mitraillettes et robes d'été font de ce cortège un extraordinaire salmigondis d'allégresse. La foule hurle, agite les bras, chante *La Marseillaise.* Des avions tournent dans le ciel bleu. Puis soudain un fleuve d'acier se déverse en grondant dans la trouée. Les tanks. Cette fois, c'est sérieux. Ils roulent lentement. Menaçants et rassurants à la fois. Derrière ce flot énorme de blindés, des hommes à pied et, au premier rang, très droit, les dominant tous de la tête, un général à l'uniforme kaki : de Gaulle. Un immense vivat, poussé par des milliers de poitrines, s'enfle à son passage. Je crie avec les autres :

— Vive de Gaulle !

Il salue de la main ce peuple en délire. Des photographes se précipitent devant lui, s'accroupissent, le mitraillent et détalent. Et s'il y avait parmi eux un milicien ? Un coup de feu à bout portant et c'en serait fini de Charles de Gaulle. Quelle imprudence et quel courage ! Je me demande ce qui se passe dans sa tête en cette minute historique. La fierté de l'œuvre accomplie contre vents et marées, l'amour de la patrie ou l'agacement d'un militaire face à une pagaille de kermesse ? Déjà derrière lui s'avancent d'autres tanks, des jeeps, des délégations de civils aux brassards voyants, des camions découverts, hérissés de fusils et de revolvers, des tractions-avant bourrées de femmes agitant des drapeaux. Et toujours des avions qui volent en rase-mottes. L'ombre de leurs ailes glisse sur la ville. On applaudit. Mireille saute sur place en battant des mains. Fénardieu beugle :

— Victoire ! Victoire !

Peu à peu, la queue du cortège s'effiloche. La foule des badauds envahit la chaussée. Nous quittons notre poste d'observation après avoir remercié la patronne de l'institut de beauté qui soupire :

— Ce sera le plus beau souvenir de ma vie !

Je voudrais pouvoir en dire autant. Mais sans Valérie ma joie ne peut atteindre la plénitude. La délivrance de Paris ne suffit pas à me réconcilier avec moi-même. Assourdi, ahuri, je me laisse ballotter par le courant humain qui nous emporte. Avenue Niel, des coups de feu éclatent. On tire encore des toits. Des F.F.I. prennent position sur le trottoir d'en face. Un passant les renseigne :

— Ça vient de là-haut. Il doit être derrière la cheminée de gauche, le salaud ! Vous voyez..., là...

Nous nous hâtons de poursuivre notre chemin et croisons un vitrier paisible, avec son assortiment de verres sur le dos. Il crie : « Vitrier ! Vitrier ! » et son regard escalade les étages. Avec tous ces mitraillages, il doit être ravi du travail qui l'attend. Un peu plus bas, nous tombons sur un groupe rigolard qui entoure trois femmes tondues. J'ai un haut-le-cœur à la vue de ces malheureuses. Sur leur crâne rasé, on a tracé une croix gammée avec du rouge à lèvres. Elles chancellent, hagardes, larmoyantes, au milieu des quolibets. Des clownesses misérables, en butte à la cruauté de la populace. Que leur reproche-t-on ? D'avoir couché avec des Allemands sans doute. La belle affaire Constance, elle aussi, aurait des comptes à rendre aux résistants. Elle s'est tellement germanisée, en quatre ans, pour gagner des sous ! Je l'imagine dans le même état de déchéance que ces trois-là. Malgré toute mon aversion pour elle, je n'aimerais pas la voir ainsi ravalée à l'état de bête.

— C'est ignoble ! bougonne Fénardieu. C'est lâche !

— Allons-nous-en ! dit Mireille.

Nous rentrons chez moi. Il me reste un peu de thé. J'en prépare pour nous trois. Mais je n'ai rien à croquer avec. Mireille me demande si j'écris encore des vers.

— Non, dis-je. La poésie, pour moi, c'est fini !

— Dommage ! murmure-t-elle. J'aimais beaucoup ce que vous faisiez.

— Mais oui ! s'écrie Fénardieu. Tu as un talent formidable, mon vieux ! Tu devrais t'y remettre !

Je balance la tête négativement. En vérité, j'ai eu beau détruire mon cahier de poésies, elles restent gravées dans ma mémoire. Je me les récite parfois mentalement. Elles m'accompagnent et m'accompagneront tout au long de ma vie. C'est ma façon de tricher avec moi-même. Soudain, devant Fénardieu et Mireille qui me considèrent en silence avec une amitié que je ne mérite pas, l'inspiration me saisit. Oubliant mon serment, je gribouille quelques vers sur un calepin. Titre : *La Solitude.*

Toutes les routes sont coupées,
Le feu meurt dans la cheminée.
Je n'ai pas soif, je n'ai pas faim,
Je ne veux pas dormir
Ni lire,
Et l'ombre
Tombe,
A grand silence,
Dans la chambre
Où je n'attends
Personne.

Je leur lis ce que je viens d'écrire. Fénardieu approuve avec élan :

— C'est très costaud !

Mireille est plus réticente :

— Je ne comprends pas bien... Qu'avez-vous voulu dire ?... C'est si triste !... Quel refus de vivre !... Pourquoi avez-vous écrit cela ?

— Je ne sais pas, dis-je. Il le fallait... Tenez : c'est pour vous !

J'arrache la page de mon carnet et la lui donne. Elle rougit et me remercie, les yeux lumineux, avec un gentil sourire. A tout autre moment, je me serais amusé à lui faire la cour. Mais je n'en ai pas le droit. Valérie me l'interdit. Tout plaisir que je pourrais prendre loin d'elle me paraîtrait une insulte à son malheur. Jusqu'à quand durera cette pénitence ?

Des semaines ont passé, lourdes d'incertitude. Mon père et Constance sont revenus à Paris aussitôt après la libération de Senlis. Alors que les comités d'épuration siègent sans désemparer et qu'on arrête à tour de bras des politiciens, des journalistes, des écrivains, des acteurs, des commerçants, des industriels qui ont collaboré, ils ont, par miracle, échappé à toutes les poursuites. Au vrai, ils s'étaient assuré à temps de solides relations dans les milieux de la Résistance. Presque aussi solides que celles qu'ils entretenaient avec les Allemands. La bouffe prime tout. Et puis, quel meilleur brevet d'excellence qu'une fille internée dans un camp de concentration nazi ? Valérie, qui les méprisait tant, les a, sans le vouloir, sauvés. Son martyre n'aura servi qu'à cela. Horrible dérision ! Ils ont même pu rouvrir la Poivrière. Mais on y mange mal. Le ravitaillement est encore très difficile. La guerre se poursuit, lente et inexorable. Et, à l'arrière, c'est le désordre, la pénurie, l'angoisse du lendemain. Certains craignent une révolution, déclenchée par les bandes en armes que l'autorité militaire ne sait pas contrôler. Dès le retour de mon père et de Constance, nous avons entrepris des démarches pour retrouver la trace de Valérie. Les journaux publient des révélations abominables sur ce qui se passe dans les camps. La famine, le travail forcé, l'extermination systématique des Juifs, les tortures, les chambres à gaz, les charniers, toutes ces nouvelles refluent vers nous et m'emplissent d'épouvante. Après de multiples allées et venues dans des bureaux improvisés, nous apprenons que, devant l'avance des troupes alliées, Valérie a été, selon toute vraisemblance, expédiée de Compiègne, par convoi, vers le camp de Struthof, en Alsace. Puis, à la libération du Struthof, en septembre, autre précision : elle a été transférée, avec les survivants, au camp de Dachau, en Bavière. C'est là qu'elle devait être découverte, le 29 avril 1945, squelette vivant au regard fou, par des soldats de la

VIIe armée américaine. Elle est morte d'épuisement dans le train qui la ramenait en France.

Mon père a sangloté, une fois de plus. Ma belle-mère a parlé de la tragique injustice du destin qui enlevait les meilleurs d'entre nous à l'affection de leurs proches. En ce qui me concerne, il m'a semblé que la terre s'ouvrait sous mes pieds pour m'engloutir. Cependant je n'étais pas, à la lettre, étonné. Tout en poursuivant mes recherches auprès de la Croix-Rouge, je savais inconsciemment que je ne reverrais plus Valérie. Pour moi, elle avait cessé d'être elle-même depuis qu'Hervé avait été tué. Déjà elle n'était plus dans mon esprit qu'un souvenir. Mais si ardent qu'aujourd'hui encore il me domine et décolore autour de moi toute autre présence. Je suis plus proche d'elle que de mes contemporains. Morte, elle m'empêche de vivre.

J'ai abandonné mes études et suis entré, comme employé, à la Poivrière. De mois en mois, j'y ai gravi tous les échelons hiérarchiques de la restauration. Le moment venu, je suis parti pour accomplir mon service militaire en Allemagne. A ma démobilisation, j'ai repris ma place parmi les tables aux nappes rose bonbon. J'ai trouvé mon père très fatigué et Constance malade : un cancer généralisé. Elle est morte l'année suivante. Mon père, effondré, s'est retiré de l'affaire. J'ai pris en main la direction du restaurant. Bien entendu, j'ai renoncé définitivement à toute ambition littéraire. La poésie m'a quitté avec mes dix-sept ans. J'ai trop à faire ici pour songer à des jeux de plume. Mireille m'aide dans mon travail. J'ai oublié de dire que je l'avais, entre-temps, épousée. Nous nous sommes intallés dans l'ancien appartement des parents, au-dessus de la Poivrière. Mon père habite avec nous. Il n'est pas gênant. Le fait que l'ami Fénardieu soit devenu mon beau-frère ne nous a pas rapprochés. Il s'est marié, lui aussi, et a décroché un emploi de clerc de notaire à Limoges. Nous ne nous voyons plus guère et nous n'éprouvons pas le besoin de nous écrire.

Voilà sept ans que Mireille et moi veillons, côte à côte, à la qualité de la cuisine et au bon accueil des clients. J'ai appris à échanger des propos aimables avec les habitués, tout en contrôlant du coin de l'œil le déroulement du service, à évaluer du premier regard la tendreté d'une viande, à analyser, rien qu'en la humant, la composition d'une sauce. Nous avons rajeuni la décoration de la salle · elle est à présent dans les tons gris tourterelle et jonquille. Nous n'avons pas d'enfant. Nous ne souhaitons pas en avoir. La Poivrière est au plus haut de la cote parmi les restaurants parisiens. Hier, pour le dîner, nous avons fait quatre-vingt-sept couverts. Je n'ai pas dit à Mireille que j'avais donné l'adresse d'Hervé. Je ne l'ai dit à personne. Je continue à vivre avec ce secret lourd qui m'empoisonne le sang. Quoi que je fasse, je suis condamné pour l'éternité à la fréquentation de deux fantômes qui ne vieillissent pas. Je n'écrirai plus rien dans ce cahier. Il appartient à Valérie.

Achevé d'imprimer en mai 1988
sur presse CAMERON,
dans les ateliers de la S.E.P.C.
à Saint-Amand-Montrond (Cher)

— N° d'édit. 11564. — N° d'imp. 951. —
Dépôt légal : janvier 1988.

Imprimé en France